PRAXIS DES FINANZFÖDERALISMUS:
VERGLEICHENDE PERSPEKTIVEN

Globaler Dialog zum Föderalismus
Bookletreihe *Volume 4*

PRAXIS DES FINANZFÖDERALISMUS: VERGLEICHENDE PERSPEKTIVEN

RAOUL BLINDENBACHER /
ABIGAIL OSTIEN KAROS (HRSG.)

Übersetzung aus dem Englischen: Vera Draack

Eine Publikation vom

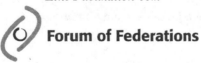

Forum of Federations

und von der

iacfs
INTERNATIONAL ASSOCIATION OF
CENTERS FOR FEDERAL STUDIES

Diese Veröffentlichung wurde durch die großzügige finanzielle Unterstützung der kanadischen Regierung und der Schweizerischen Direktion für Entwicklung und Zusammenarbeit ermöglicht und der Weltbankinstitut.

**Bibliothek und Archiv, kanadischer Katalog der Veröffentlichungen
Library and Archives Canada Cataloguing in Publication**

Praxis des Finanzföderalismus : vergleichende Perspektiven / Raoul Blindenbacher, Abigail Ostien Karos (Hrsg.) ; Übersetzung, Vera Draack.

(Globaler Dialog über Föderalismus : Bookletreihe ; v. 4)
Translation of: Dialogues on the practice of fiscal federalism.
ISBN 978-0-7735-3311-0

     1. Intergovernmental fiscal relations. 2. Federal government.
I. Blindenbacher, Raoul II. Ostien, Abigail, 1971- III. Draack, Vera
IV. Forum of Federations V. International Association of Centers for Federal Studies VI. Series.

HJ141.D5215 2007   336   C2007-901637-5

Gedruckt und gebunden in Kanada durch Imprimerie Gauvin

Inhalt

Vorwort

Das Booklet „Praxis des Fiskalföderalismus: Vergleichende Perspektiven"
ist das vierte in der Reihe *A Global Dialogue on Federalism*. Diese Booklets
und die zugehörigen Themenbücher sind mittlerweile zu einer weltweit
beachteten Publikation geworden, die sowohl von Politikerinnen und
Politikern, Staatsbediensteten, Wissenschaftlerinnen und Wissenschaftlern
sowie Studierenden umfassend genutzt wird. Ihr Erfolg basiert zweifellos
auf dem einzigartigen Entstehungsprozess. Über 1.000 Expertinnen und
Experten aus den Bereichen Praxis und Wissenschaft haben an über
50 Rundtischgesprächen in 20 verschiedenen Ländern an ihrer Entstehung mitgewirkt. Die Zahl ihrer Leserinnen und Leser nimmt kontinuierlich
zu und ihre Präsentation an internationalen Konferenzen zum Thema
Föderalismus hat den Bekanntheitsgrad der Veröffentlichungen weiter
erhöht. Zudem sind die sie Teil der inhaltlichen Vorbereitung der „4. Internationalen Föderalismuskonferenz", die 2007 im indischen New Delhi
stattfinden wird.

Im Rahmen des Programms *A Global Dialogue on Federalism* werden
anhand eines jeweils klar abgegrenzten Themas die Regierungsstrukturen
von Bundesstaaten untersucht. Das Programm hat zum Ziel, Expertinnen
und Experten an einen Tisch zu bringen, neue Ideen zu entwickeln und
die Lücken in der vergleichenden Literatur zu bundesstaatlichen
Regierungsstrukturen zu füllen. Die Bearbeitung eines Themas umfasst
mehrere Stufen und beginnt mit der Auswahl einer Themenkoordinatorin
bzw. eines Themenkoordinators. Deren Aufgabe ist es, unter Zuhilfenahme
aktuellster Studien einen umfassenden Fragenkatalog zu erstellen, der
sowohl die institutionellen Regeln als auch deren Anwendung in der
Praxis abdeckt. Dieser Fragenkatalog ist die Grundlage des Programms, da
er als Leitfaden für die Rundtischgespräche dient und auch die Durch-
gängigkeit der einzelnen Kapitel des zugehörigen Buches sicherstellt. Die
Rundtischgespräche werden von einer Landeskoordinatorin bzw. einem
Landeskoordinator geleitet und finden gleichzeitig in einem Dutzend

ausgewählter föderaler Staaten statt. Um ein möglichst genaues Bild des Themas des jeweiligen Landes zu erhalten, wird eine ausgewählte Gruppe von Expertinnen und Experten aus Praxis und Wissenschaft mit unterschiedlichen Ansichten und Erfahrungen eingeladen, die bereit sind, im unpolitischen Rahmen eines Rundtischgespräches ihr Wissen weiterzugeben und von anderen zu lernen. Nach Abschluss dieser Veranstaltungen verfassen die Koordinatorinnen und Koordinatoren einen Artikel, der die Höhepunkte des Rundtischgesprächs wiedergibt. Die hier präsentierten Beiträge sind in einem solchen Prozess entstanden. In einem nächsten Schritt treffen sich die nationalen Repräsentantinnen und Repräsentanten zu einem internationalen Rundtischgespräch, um Gemeinsamkeiten und Unterschiede der Länder zu bestimmen und neue Erkenntnisse zu formulieren. Diese Erkenntnisse werden in die Länderkapitel des Themenbandes integriert. Bei der Verfassung der Beiträge profitieren die Autorinnen und Autoren in großem Maße davon, dass sie in der Lage waren, die Themen von einem globalen Standpunkt aus zu betrachten, was zu einer wirklich vergleichenden Untersuchung des Themas beiträgt.

Das vorliegende Booklet untersucht verschiedene praktische Aspekte und vergleichende Perspektiven des Fiskalföderalismus in Australien, Brasilien, Deutschland, Indien, Kanada, Malaysia, Nigeria, Russland, der Schweiz, Spanien, Südafrika und den USA. Wie groß sind die vertikalen und horizontalen fiskalischen Ungleichgewichte? Welches sind die Einnahmequellen und die Ausgaben der Gliedstaaten und der nationalen Regierungen? Wie groß ist dementsprechend der Umfang fiskalischer Autonomie auf Seiten der Gliedstaaten bzw. wie groß ist die Einflussnahme durch die nationalen Regierungen? Welche Rolle spielt die kommunale Ebene? Wie beeinflusst die öffentliche Meinung die Finanzpolitik und wie stark ist das Bekenntnis zu nationalen Standards? Wie werden Schulden verwaltet? Welche Reformen werden gegenwärtig auf den Weg gebracht und warum werden sie für notwendig gehalten? Dies sind einige der Fragen, die im Booklet besprochen werden.

Die Untersuchung dieser Fragen bildet in der Form der Länderbeiträge unter dem Titel „Erkenntnisse aus dem Dialog" den inhaltlichen Schwerpunkt des Booklets. Das abschließende Kapitel von Anwar Shah, Chef-Ökonom des *World Bank Institute,* zeigt zusammenfassend die Gemeinsamkeiten und Unterschiede in den betrachteten Ländern auf. Ein Glossar am Ende des Buches macht das Booklet leichter erschließbar. Die hier vorgestellten Beiträge sollen den Ausgangspunkt für den vierten Band „The Practice of Fiscal Federalism: Comparative Perspectives" der Buchreihe liefern, in dem dieselben Autorinnen und Autoren das Thema umfassender untersuchen.

Der Erfolg des Programms *A Global Dialogue on Federalism* beruht auf dem Engagement einer Vielzahl von Organisationen und Einzelpersonen. Für ihre großzügige finanzielle Unterstützung danken wir der kanadischen

Regierung, der Schweizer Direktion für Entwicklung und Zusammenarbeit, dem *World Bank Institute,* sowie dem Finanzministerium des brasilianischen Bundesstaates Bahia, das gemeinsam mit anderen brasilianischen Regierungs- und Nicht-Regierungsorganisationen den „*Global Dialogue International Roundtable*" in Costa do Suípe, Bahia, Brasilien finanziert hat. Besonderer Dank gebührt Anwar Shah für das abschließende Kapitel „Vergleichende Betrachtungen" und für seine Kommentare zu dem Buch insgesamt. Wir möchten auch den am Dialog beteiligten Expertinnen und Experten für die Vielzahl von Überlegungen danken, die die Artikel ganz maßgeblich beeinflusst haben. Ihre Namen sind am Ende des Buches aufgeführt. John Kincaid, Chef-Herausgeber der Buchreihe, und die anderen Mitglieder des Herausgeberrates des *Global Dialogue on Federalism* haben wertvolle Hinweise und ihre Sachkenntnis eingebracht. Dank geht auch an Alan Fenna für die Erstellung des Glossars. Wir sind von den folgenden Mitarbeiterinnen und Mitarbeitern des *Forum of Federations* unterstützt worden: Lisa Goodlet, Roderick Macdonell, Christian Manser, Rose-Anne McSween, Chris Randall, Carl Stieren und Nicole Pedersen. Schließlich danken wir den Mitarbeiterinnen und Mitarbeitern von McGill-Queen's University Press für ihre Unterstützung und ihren Rat während des gesamten Publikationsprozesses.

Die Veröffentlichungen des *Global Dialogue on Federalism* knüpfen an eine Tradition des *Forum of Federations* an: Über die letzten Jahre hat dieses – gemeinsam mit anderen Organisationen und unabhängig – eine Vielzahl von Büchern und Multimedia-Materialien herausgegeben. Weitere Informationen zu den Publikationen und Aktivitäten des Forums sowie Links zu anderen Organisationen und eine Online-Bibliothek, die auch die Artikel und Kapitel des globalen Dialogs enthält, finden Sie unter www.forumfed.org. Die beiden Initiatoren des Programms, das *Forum of Federations* und die *International Association of Centers for Federal Studies,* ermutigen alle Interessierten aus Praxis und Wissenschaft, die im Rahmen des *Global Dialogue on Federalism* gewonnenen Erkenntnisse dazu zu nutzen, neue Lösungen zu finden, um föderale Systeme zu verbessern.

Raoul Blindenbacher und Abigail Ostien Karos, Herausgeber, Forum of Federations

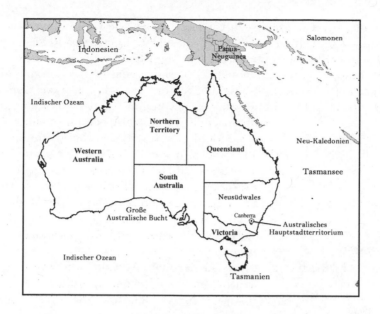

Australien:
Gleichheit, Ungleichgewicht und Egalitarismus

ALAN MORRIS

Der australische Fiskalföderalismus definiert sich deutlich durch zwei herausragende Eigenschaften: erstens durch den Umfang des vertikalen, fiskalischen Ungleichgewichts innerhalb der Föderation und zweitens durch eine detaillierte und allumfassende Methode des horizontalen Finanzausgleichs, die die Verteilung der Finanztransfers zwischen dem Bund – beziehungsweise dem Commonwealth – und den Bundesstaaten und Territorien regelt. Zwar gehen die Ursprünge des Fiskalföderalismus in Australien auf die Gründung der Föderation und das Inkrafttreten der Verfassung zurück, diese beiden Eigenschaften beruhen jedoch sehr viel stärker auf der historischen Entwicklung in der Praxis als auf den ursprünglichen Prinzipien der Verfassung.

Die australische Verfassung unterscheidet sich hinsichtlich der Kompetenzverteilung zwischen dem Commonwealth und den einzelnen Gliedstaaten (Bundesstaaten) nicht wesentlich von anderen föderalen Staaten. So überträgt die Verfassung die Aufgaben Landesverteidigung, Außenpolitik, internationaler Handel, Zollwesen und Währung der

Regierung des Commonwealth. Für Aufgaben wie Gesundheit, Bildung, Justizwesen und innere Sicherheit, die nicht explizit der Regierung des Commonwealth übertragen sind, sind die Bundesstaaten verantwortlich. Die Verfassung definiert zudem die Steuerkompetenzen des Commonwealth und der Bundesstaaten – einschließlich der Tatsache, dass das Commonwealth den einzelnen Bundesstaaten zu von ihm definierten Bedingungen finanzielle Unterstützung gewähren kann.

Aufgrund von Entscheidungen in historischen Krisenzeiten und einer Reihe von Beschlüssen des High Court hat die fiskalische Dominanz der Bundesregierung auf Kosten der einzelnen Bundesstaaten erheblich zugenommen.

Seit dem Inkrafttreten der Verfassung im Jahr 1901 hat sich die Verteilung der Steuerhoheit allerdings erheblich geändert. Aufgrund von Entscheidungen in historischen Krisenzeiten und einer Reihe von Beschlüssen des High Court hat die fiskalische Dominanz der Bundesregierung auf Kosten der einzelnen Bundesstaaten erheblich zugenommen.

Die Regierung des Commonwealth verfügt inzwischen über erheblich höhere Steuereinnahmen als sie benötigt, um ihren eigenen Zahlungsverpflichtungen beziehungsweise Ausgaben nachzukommen, während die Regierungen der Bundesstaaten und der Territorien erheblich weniger erzielen. Diese Ungleichheit zwischen der Fähigkeit, Steuereinnahmen zu generieren, und den Zahlungsverpflichtungen schafft eine Situation, die Finanzexperten des Bundes als „vertikales fiskalisches Ungleichgewicht" zwischen den beiden Regierungsebenen bezeichnet haben. Gegenwärtig erzielt die Regierung des Commonwealth ungefähr 80 Prozent aller Staatseinnahmen, benötigt aber nur 61 Prozent davon für eigene Zahlungsverpflichtungen. Demgegenüber erzielen die Regierungen der Bundesstaaten und Territorien gerade einmal 17 Prozent aller Staatseinnahmen, benötigen jedoch mit 33 Prozent doppelt so viel, um ihren eigenen Ausgabenverpflichtungen nachkommen zu können.

Die fiskalische Dominanz der Regierung des Commonwealth und die Art, wie sie ihre fiskalische Stärke genutzt hat, um in Aufgabengebieten zu intervenieren, bei denen traditionell ein Vorrecht der Bundesstaaten bestand, hat sich inzwischen auf die Zuständigkeit für Regierungsaufgaben ausgewirkt. In einigen Bereichen haben sich die Rollen und Zuständigkeiten der unterschiedlichen Regierungsebenen verwischt, was zu Doppelarbeit, Überlappungen und Kostenverlagerungen geführt hat.

Viele Beobachter sind der Ansicht, dass das vertikale fiskalische Ungleichgewicht in Australien zu groß sei und zudem unerwünschte Implikationen auf die politische Verantwortlichkeit habe und zudem die Motivation für eine Finanzreform schwäche. Auf die Steuerbemessungsgrundlagen hat in der Regel nur eine Regierungsebene Zugang; die

Regierung des Commonwealth kann die Steuerbasis und den Steuersatz der ertragreichsten Steuern beeinflussen und verfügt ferner über die Ertragshoheit. In diesem Zusammenhang sind insbesondere die direkten Steuerbemessungsgrundlagen der persönlichen Einkommenssteuer und die Unternehmensteuer zu nennen. Einige Reformansätze schlagen vor, dass die Regierung des Commonwealth den Bundesstaaten und Territorien einen eigenes Zuschlagsrechtrecht auf Steuern einräumt und gleichzeitig die eigenen Steuersätze senkt, um dadurch einen gewissen fiskalischen Spielraum zu schaffen. .Andere Reformvorschläge, die sich positiv auswirken würden, beinhalten Reform und Stärkung einzelner Steuerbemessungsgrundlagen der Bundesstaaten (insbesondere im Bereich der Grundsteuer) und in der Harmonisierung der relevanten Steuerbemessungsgrundlagen über die Grenzen der einzelnen Bundesstaaten hinweg.

Der Umfang des vertikalen fiskalischen Ungleichgewichts in der australischen Föderation führt zu der Frage, ob das Konzept einer optimalen fiskalischen Lücke untersucht werden sollte. Zwar kann das vertikale fiskalische Ungleichgewicht in Australien als unerwünscht groß angesehen werden, ein gewisser Grad an Zentralisierung der Steuerhoheit versieht jedoch die Bundesregierung mit der Steuerkraft, nationale Ziele und Prioritäten zu verfolgen.

Die Größe des vertikalen fiskalischen Ungleichgewichts lässt den Finanztransfer, den die Regierung des Commonwealth an die Bundesländer leistet, damit diese in der Lage sind, ihre Ausgaben zu finanzieren, zu einem ernsten Problem werden. Das Prinzip und die Praxis des horizontalen Finanzausgleichs, in dessen Rahmen ungebundene Finanzmittel an die Bundesstaaten und Territorien transferiert werden, ist das zweite hervorstechende Merkmal des australischen Fiskalföderalismus. Ziel ist, die Finanzkraft der Regierungen der Bundesstaaten und der Territorien zu nivellieren. Die gegenwärtige Methode basiert auf einer umfassenden Bestandsaufnahme der relativen Finanzkraft und des relativen Finanzbedarfs der Bundesstaaten und Territorien.

Diese Transfers haben mit 58 Milliarden australischen Dollar pro Jahr einen beachtlichen Umfang erreicht. Sie machen im Durchschnitt über 50 Prozent der gesamten Staatseinnahmen aus; dieser Wert lag in den 50er Jahren noch bei ungefähr 10 Prozent. Die Transfers sind ein kritischer Bestandteil der Haushalte der einzelnen Bundesstaaten. Ein signifikanter Anteil der Transfers der Regierung des Commonwealth an die Bundesstaaten und Territorien – gegenwärtig in einer Größenordnung von 40 Prozent des Gesamttransfers – erfolgen in der Form von Specific Purpose Payments (SPPs). Bei den SPPs handelt es sich um zweckgebundene Zuschüsse die im Wesentlichen zur Unterstützung nationaler Prioritäten in Bereichen wie Gesundheit und Bildung dienen und normalerweise an Bedingungen geknüpft sind. Einige Beobachter sind der

Meinung, dass damit die Subsidiarität, der wettbewerbliche Föderalismus, die Entwicklung einer effizienteren Finanzstruktur und Leistungserbringung durch die einzelnen Bundesstaaten und somit die Vorteile des Föderalismus untergraben werden.

Die ungebundenen Zuschüsse, die seit den Steuerreformen im Jahr 2000 und der „Zwischenstaatlichen Übereinkunft zur Reform der Finanzbeziehungen" zwischen dem Commonwealth und den Bundesstaaten auch die Steuereinnahmen aus der Umsatzsteuer (GST) einschließen, können von den Bundesstaaten und den Territorien frei verwendet werden. Die Höhe der ungebundenen Zuschüsse des Bundes führt zur Frage der gegenseitigen Verpflichtungen und politischer Verantwortlichkeit. Es gibt keinerlei Verpflichtung für die Regierungen der Bundesstaaten und Territorien, die Zuschüsse in einer vorgegebenen Weise zu verwenden oder die Entscheidungsgrundlagen für die Bewertung von Ausgaben und Prioritäten zu rechtfertigen. Es gibt in der Tat in bestimmten Bereichen Abweichungen zwischen dem geschätzten Finanzbedarf und den tatsächlichen Ausgaben. Das Fehlen einer Ausgabenkontrolle, die für ein System ungebundener Zuschüsse eigentlich fundamental ist, ist häufig ein Grund zu Kritik an den staatlichen Ausgabenentscheidungen.

Zwar wird der horizontale Finanzausgleich im Allgemeinen als Richtlinie für die Verteilung ungebundener Zuschüsse an die Bundesstaaten und Territorien akzeptiert, die Umsetzung ist jedoch weiterhin heikel und umstritten. Einige Bundesstaaten argumentieren, dass der Prozess zu komplex und detailliert geworden ist und dass viele der unterschiedlichen Schätzungen zur Finanzkraft und zum Finanzbedarf der Bundesstaaten nicht die wirklichen materiellen Unterschiede zwischen ihnen widerspiegeln.

Der australische Ansatz des Finanzausgleichs gibt zu erkennen, dass die Australierinnen und Australier die Art und den Umfang regionaler Disparitäten, wie sie in anderen föderalen Staaten bestehen, nicht wünschen. Die australische Methode erlaubt es unterschiedlichen Gebietskörperschaften, ihren eigenen Entscheidungen und lokalen Präferenzen zu folgen. Es ist ein besonderes Konzept des Gleichheit, das vielleicht am besten dadurch beschrieben werden kann, dass es nach Fairness und nicht nach Gleichberechtigung strebt. Und es herrscht allgemeine Übereinstimmung darin, dass ein in Stein gemeißeltes System des Fiskalföderalismus nicht notwendigerweise für alle Zeiten angemessen ist.

Brasilien:
Wahrung von Haushaltsdisziplin inmitten regionaler und sozialer Antagonismen

FERNANDO REZENDE

1994 setzte Brasilien einen Währungsstabilisierungsplan um, der nicht nur die Ära hoher Inflationsraten beendete, sondern auch einen erheblichen Einfluss auf die föderalen Finanzen hatte. Die neue Stabilität der Währung deckte strukturelle Ungleichgewichte auf und zwang die öffentliche Verwaltung, ihre Finanzen in Ordnung zu bringen. In der relativ dezentralisierten brasilianischen Föderation waren zur Durchsetzung fiskalischer Disziplin wichtige institutionelle Änderungen notwendig. Das im Jahr 2000 erlassene „Haushaltsdisziplingesetz" führte Obergrenzen für den Personalaufwand und den Verschuldungsgrad von Bundessstaaten und Gemeinden ein. Gleichzeitig beschränkten die zum Zwecke der Preisstabilisierung eingeführten strikten Budgetbeschränkungen die Autonomie der subnationalen Gebietskörperschaften bei der Verteilung von Haushaltsmitteln.

Die vertikale und die horizontale Ungleichheit bei der Verteilung von Finanzmitteln und der geringe Entscheidungsspielraum bei der Einnahmenallokation auf allen föderalen Ebenen sind gegenwärtig wesentliche Quellen der Ineffizienz bei den öffentlichen Ausgaben. Die Reaktionen der Bürgerinnen und Bürger auf einen weiteren Anstieg der Gesamtsteuerlast hat das Bewusstsein dafür geschärft, dass es notwendig ist, die Ineffizienz zu bekämpfen und die Qualität der Nutzung öffentlicher Mittel zu verbessern, sie haben eine neue Welle von Forderungen hervorgerufen, die Finanzdebatte auf die Ausgabenseite des Haushaltes zu konzentrieren. Zu Beginn der Phase der Währungsstabilisierung konnte durch die Überbewertung der neuen Währung (des *Real*) eine gewisse Preisstabilität gesichert werden. Die darauf folgende Finanzkrise in aufstrebenden Wirtschaften wie Mexiko, Südostasien und Russland in der zweiten Hälfte der neunziger Jahre zwang die brasilianische Regierung jedoch 1999 dazu, die Steuerung des Wechselkurses aufzuheben und die brasilianische Währung freizugeben. Mit der Abwertung des *Reals* war die monetäre Stabilität von einem verantwortungsvollen Umgang mit den Staatsfinanzen abhängig. Eine neue auf Inflationszielen beruhende Politik wurde eingeführt, und den Platz des Wechselkurses als Anker der Inflationsabwehr übernahm die Einhaltung der Haushaltsdisziplin.

Die Verfassung von 1988 stärkte die Steuerhoheit der subnationalen Gebietskörperschaftsebenen und führte in einem Versuch, die Sozialpolitik zu sichern, ein duales Haushaltssystem ein. Sie schuf einen Sozialhaushalt mit spezifischen als „Sozialbeiträge" bezeichneten Bundessteuern, zu dem auch die Regierungen der subnationalen Ebenen Beiträge zu leisten hatten. Die sich anschließende ökonomische Krise jedoch schwächte die Einnahmen der Regierungen der einzelnen Bundesstaaten und Gemeinden, deren Finanzen zudem durch die hohen Zinssätze litten. Unter der neuen Haushaltsdisziplin mussten sich die erweiterten Sozialrechte auf die Fähigkeit des Bundes verlassen, ausreichende Finanzmittel bereitzustellen, um die stark ansteigenden Sozialausgaben zu decken. Zu diesem Zweck wurden die neuen, für den Sozialhaushalt zweckgebundenen Bundessteuern erhöht, was einen Prozess in Gang setzte, der die fiskalische Dezentralisierung umkehrte.

Der Rückgriff auf Sozialbeiträge zur Finanzierung von Sozialausgaben hatte nicht nur die Konzentration der Ausgabenkompetenzen in den Händen des Bundes zu Folge, sondern hatte auch negative Folgen für die Wirtschaft und die Föderation. Der mehrstufige Effekt solcher Beiträge erzeugte ökonomische Ineffizienzen und verzerrte den Außenhandel. Für die Föderation bedeutete der Anstieg der zweckgebundenen Zuschüsse einen tiefen Einschnitt in die Ausgabenhoheit der subnationalen Ebenen und eine Zunahme der vertikalen und insbesondere der horizontalen Ungleichgewichte.

Die Umkehr der fiskalischen Dezentralisierung betraf vor allem die einzelnen Bundesstaaten. Obwohl die brasilianischen Bundesstaaten ein hohes Maß an verfassungsmäßiger Autonomie genießen, sind ihre Entscheidungskompetenzen relativ begrenzt. Die Bundesregierung

definiert die Grenzen, innerhalb derer die Bundesstaaten- und Kommunalregierungen Gesetze erlassen und Steuern auf Güter und Dienstleistungen
erheben können. Sie erlässt detaillierte Richtlinien für die Haushalte der
unteren Ebenen und in ihren Gesetzen lässt sie den einzelnen Bundesstaaten in Aufgabenbereichen wie öffentliche Versorgung, Umweltschutz
und Exploration natürlicher Ressourcen beinahe keinen Spielraum.

Selbst auf der Ausgabenseite ist die Freiheit der Gouverneure der
Bundesstaaten bei der Zuweisung der Haushaltsmittel fast vollkommen
eingeschränkt worden. Zahlungsverpflichtungen und zweckgebundene
Einnahmen sowie die üblichen Verwaltungsausgaben lassen praktisch
keine Mittel für die Finanzierung von Investitionen übrig, wodurch die
Bundesstaaten angesichts eines sehr eingeschränkten Zugangs zu Krediten
ihre Fähigkeit verloren haben, Entwicklungsprojekte zu fördern. Darüber
hinaus verbietet das „Haushaltsdisziplingesetz" den Bundesstaaten und
Gemeinden, ohne die Bestimmung einer entsprechenden Finanzier-
ungsquelle oder entsprechender Kürzungen bei anderen Ausgaben
Maßnahmen zu ergreifen, die zu zusätzlichen Ausgaben führen würden.
Folglich ist es nicht verwunderlich, dass die Bundesstaaten zu dem einzigen
verbliebenen Mittel gegriffen haben, wenn es darum geht, Industrie-
betriebe anzulocken: Sie führen einen erbitterten Steuerwettbewerb, der
eine der Hauptursachen für den Antagonismus der brasilianischen
Bundesstaaten geworden ist.

Die Situation auf der kommunalen Ebene unterscheidet sich davon
grundlegend, denn die kommunalen Regierungen genießen in Brasilien
mehr Autonomie als die Bundesstaaten. Es ist ihnen gestattet, die Nutzung
kommunaler Flächen und die Bereitstellung städtischer Dienstleistungen
zu regeln, Nutzungsentgelte zu verlangen und ihre eigenen Verfahren
für die Erhebung von Vermögenssteuern zu bestimmen. In der Regel
genießen sie auch eine größere Haushaltsautonomie, da ein bedeutender
Teil ihrer Einnahmen aus allgemeinen Zuschüssen besteht.

Die in der Verfassung festgelegten Mechanismen zur Aufteilung der
Staatseinnahmen weisen den Gemeinden 22,5 Prozent des Aufkommens
der Einkommens- und der Produktionssteuern des Bundes sowie 25 Prozent
der Mehrwertsteuereinnahmen der Bundesstaaten zu. Die Kriterien, mit
denen der Anteil der Gemeinden an den Bundessteuern festgelegt wird,
sind zugunsten kleiner Gemeinden verzerrt. Sie benachteiligen die
zentralen Metropolen, in denen ein Viertel der Bevölkerung lebt, die aber
nur 10 Prozent des Kuchens erhalten. Diese durch die Art des Finanzausgleichs verursachten Verzerrungen haben in der ganzen Föderation zu
einem hohen Maß an horizontaler Ungleichheit bei der Verteilung
öffentlicher Mittel geführt. Dünn besiedelte Gebiete am Amazonas
und die zentral-westlichen Regionen erhalten größere Summen pro Kopf
der Bevölkerung als die ärmeren, aber dicht besiedelten nördlichen
Bundesstaaten.

Aufgrund der Autonomie der Gemeinden können die Regierungen der Bundesstaaten Investitionen und die Bereitstellung von städtischen und sozialen Dienstleistungen nicht über die Grenzen der einzelnen Gemeinden hinaus koordinieren. Und eine zunehmend engere Beziehung zwischen der Bundesregierung und den Gemeinden, in deren Rahmen große Summen von Bundesmitteln direkt in die Haushalte der Kommunen fließen, untergräbt die Möglichkeit der Bundesstaaten, Kontrolle über die auf ihrem Hoheitsgebiet durchgeführten Maßnahmen auszuüben. Die Überlagerung der Programme und mangelnde Integration beziehungsweise Koordination führen zu Ressourcenverschwendung, höheren Produktionskosten und einem ungleichen Zugang zu öffentlichen Leistungen, da Arme in schlechter ausgestatteten Gemeinden möglicherweise weniger Leistungen erhalten als Menschen mit höherem Einkommen, die in reicheren Gemeinden leben. Da die makroökonomischen Restriktionen noch eine Weile in Kraft bleiben werden und die Reaktionen auf weitere Steuererhöhungen wenig Raum für eine stärkere Besteuerung lässt, ertönt im ganzen Land der Ruf nach Maßnahmen zur Verringerung der Verschwendung der Haushaltsmittel. Ohne eine gründliche Reform des brasilianischen Fiskalföderalismus sind aufgrund der vertikalen und das horizontalen Ungleichgewichte und der starken Antagonismen der brasilianischen Föderation konkrete Fortschritte in dieser Richtung allerdings sehr schwer zu erreichen.

> Da die makroökonomischen Restriktionen noch eine Weile in Kraft bleiben werden und die Reaktionen auf weitere Steuererhöhungen wenig Raum für eine stärkere Besteuerung lässt, ertönt im ganzen Land der Ruf nach Maßnahmen zur Verringerung der Verschwendung der Haushaltsmittel.

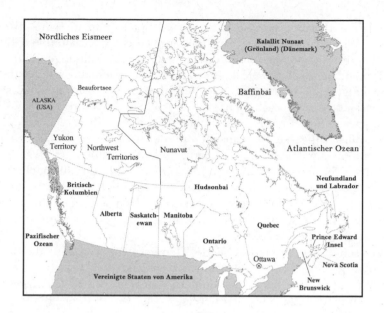

Kanada:
Aufkommende Fragen in einem
dezentralen Bundesstaat

ROBIN BOADWAY

Für viele Beobachter ist Kanada die Verkörperung des klassischen Systems des Fiskalföderalismus. Die autonomen Provinzregierungen sind für die Bereitstellung vieler wichtiger öffentlicher Leistungen verantwortlich. Sie genießen ungehinderten Zugang zu allen wichtigen Steuerquellen und müssen einen großen Teil ihrer Einnahmen selbst erzielen. Zuweisungen des Bundes an die Provinzen sind an relativ wenige Bedingungen gebunden. Die beiden wichtigsten Arten von Zuweisungen sind ohne Auflagen gewährte Ausgleichszahlungen und gleiche Pro-Kopf-Blockzahlungen zur Unterstützung von Sozialprogrammen der Provinzen. Diese beiden Zuweisungen stellen sicher, dass die Provinzen über vergleichbare Finanzmittel verfügen um wichtige öffentliche Leistungen bereitzustellen, und sie gleichzeitig Anreiz haben Gesundheits-, Sozialhilfe- und Weiterbildungsprogramme anzubieten. Dadurch werden landesweite einheitliche Mindeststandards erfüllt, und eine wirkungsvolle Dezentralisierung der Entscheidungsfindung ermöglicht. Die Abkommen zwischen der Bundesebene und den Provinzen haben zu lehrbuchmäßiger Einkommens- und

Umsatzsteuerharmonisierung geführt und Spielregeln für eine effiziente interne Wirtschaftsunion und eine faire und gerechte Sozialunion definiert. Die drei nördlichen Territorien erhalten zusätzliche Zahlungen, um ihnen zu ermöglichen, öffentliche Leistungen für die kleinen, weit zerstreuten Besiedlungen zu erbringen, und um ihre relativ geringe Finanzkraft angemessen zu berücksichtigen.

Jedoch sind neue Herausforderungen erkennbar. Die fiskalische Dezentralisierung hat gemeinsam mit der steigenden Nachfrage nach Gesundheits- und Bildungsleistungen, die einen großen Teil der von den Provinzen bereitgestellten öffentlichen Leistungen ausmachen, die Möglichkeit vertikaler und horizontaler Finanzungleichgewichte mit sich gebracht. Diese Herausforderung erstreckt sich auch auf die Gemeindeebene und die selbstverwalteten Kommunen der Aborigines, wo zum Teil der größte Bedarf besteht.

Zwei scheinbar widersprüchliche Elemente des kanadischen Bundesstaates werfen oft Fragen auf. Die erste Schwierigkeit besteht darin, dass den Provinzen von der Verfassung die ausschließliche Gesetzgebungshoheit für wichtige Aufgabenbereiche wie Gesundheit, Bildung und Sozialhilfe übertragen wird, die Bundesregierung gleichzeitig aber die verfassungsmäßige Verpflichtung hat, wichtige öffentliche Leistungen in angemessener Qualität bereitzustellen und Chancengleichheit für alle Kanadierinnen und Kanadier zu gewährleisten. Da die wichtigsten öffentlichen Leistungen für die Erfüllung dieser Verpflichtung im Verantwortungsbereich der Provinzen liegen, verbleiben der Bundesregierung als Politikinstrumente lediglich an Bedingungen geknüpfte Zuweisungen an Regierungen und Individuen, also Elemente der so genannten „Ausgabenbefugnis" (*spending power*), die in der Fähigkeit der Zentralregierung besteht, Finanzmittel bereitzustellen und mit einer Zweckbindung für bestimmte Aufgaben der Provinzregierungen zu versehen.

Die zweite Schwierigkeit besteht darin, dass die Provinzen Eigentümer der in ihren Grenzen befindlichen natürlichen Ressourcen sind und das Recht haben, deren Nutzung zu besteuern. Gemäß Verfassung ist jedoch die Bundesregierung dazu verpflichtet, Ausgleichszahlungen zu leisten, damit alle Provinzen ausreichende Einnahmen zur Verfügung haben, um jeweils im angemessenen Rahmen bei vergleichbaren Besteuerungsniveaus vergleichbare Niveaus öffentlicher Leistungen bereitstellen zu können. Angesichts der Tatsache, dass die Ausstattung mit natürlichen Ressourcen eine substantielle Ursache für die fiskalische Ungleichheit zwischen den Provinzen ist, wird von einigen argumentiert, die Erfüllung der Ausgleichsverpflichtung widerspreche implizit der Provinzhoheit über die Einnahmen aus den natürlichen Ressourcen.

Die Hauptmerkmale des Fiskalföderalismus in Kanada sind eindeutig. Die Bundesregierung erfüllt typische nationale Aufgaben wie Verteidigung,

Außenpolitik, Geldwesen sowie nationale Sozialversicherungsprogramme und Zuweisungen an die Provinzen. Die Provinzen und ihre Gemeinden sind verantwortlich für die wesentlichen öffentlichen Leistungen in den Bereichen Gesundheitswesen, Bildung und Sozialhilfe sowie in Angelegenheiten, die für die Provinzen und die Gemeinden von Interesse sind. Die Ausgabenprogramme des Bundes und der Provinzen sind demnach vergleichbar, aber ein großer Anteil der Ausgaben des Bundes besteht aus Finanztransfers an die Provinzen. Dennoch haben die Provinzen allmählich immer mehr Verantwortung für die Erzielung eigener Einnahmen übernommen. Dabei nutzen sie alle wichtigen Steuerarten. Das Einkommensteuersystem ist in Teilen harmonisiert: Die Bundesregierung erhebt die Steuern im Auftrag jener Provinzen, die sich bereit erklärt haben, die Steuerbemessungsgrundlage des Bundes anzuwenden, die im Übrigen aber frei sind, ihre eigenen Steuersätze zu bestimmen. Auch der Bereich der Umsatzsteuer ist zwischen den vier Provinzen, die ein Mehrwertsteuersystem eingeführt haben, harmonisiert. In mehreren Übereinkommen zwischen dem Bund und den Provinzen erkennen die Provinzen die Rolle der Bundesregierung bei der Gestaltung wichtiger von den Provinzen erbrachter öffentlicher Leistungen an, während die Bundesregierung zusichert, die Provinzen zu konsultieren, bevor neue Ausgabenbefugnisse initiiert werden.

Als Ergebnis hat sich die kanadische Föderation zu einem hochgradig dezentralisierten System entwickelt, das gleichzeitig ein in einem vernünftigen Maße harmonisiertes Steuersystem hat. Dies führt dazu, dass die Provinzen in Bereichen wie Gesundheitswesen, Bildung und Sozialhilfe vergleichbare Programme bieten, diese aber in der Ausgestaltung ihrer spezifischen Eigenschaften so wählen können, dass die unterschiedlichen Bedürfnisse und Präferenzen berücksichtigt werden.

Neueste Ereignisse und Trends setzen das System unter Druck. Angesichts einer für nicht tragbar erachteten Verschuldung kürzte die Zentralregierung ihre für Sozialprogramme bestimmten Finanztransfers an die Provinzen und fasste diese stattdessen in einer Gesamtzahlung zusammen. Vor diesen Kürzungen fanden kaum Rücksprachen statt, und die Provinzen argumentierten, dass damit im Ergebnis ein Teil der Bundesschulden auf die Provinzen übertragen wurde. Im Gegenzug kürzten die Provinzen ihre Zahlungen an die Gemeinden. Dieses Problem eines angeblichen vertikalen Ungleichgewichts wird durch ein zunehmendes horizontales Ungleichgewicht verschärft, das zum Teil eine logische Folge der

Dezentralisierung der Einnahmenerzielung an die Provinzen und des Anstiegs der Einnahmen aus natürlichen Ressourcen in lediglich einigen Provinzen ist.

Viele Beobachter sagen, die Zentralregierung habe ihren nationalen Auftrag aus dem Auge verloren hat. Andere argumentieren, dass sie mit den Provinzen nicht mehr in einer offenen, kooperativen und vorhersehbaren Art und Weise zusammenzuarbeiten. Die Spannungen haben sich dadurch verschärft, dass die Zentralregierung ihre akkumulierten Haushaltsüberschüsse für direkte Ausgabenprogramme verwendet, anstatt die Zuweisungen an die Provinzen wieder zu erhöhen. Die Antwort der Provinzen und Territorien war der Aufbau einer Institution, dem Council of the Federation, die sie besser befähigt, mit einer Stimme zu sprechen.

Die gleichen Anliegen betreffen auch die Regierungen der Gemeinden und die Gemeinschaften der Ureinwohner, wenngleich in unterschiedlicher Weise. Damit die Gemeinden in der Lage sind, die notwendigen öffentlichen Leistungen zu erbringen, um sicherzustellen, dass die Daseinsfürsorge für die Bürgerinnen und Bürger gewährleistet ist und ihre Unternehmen in einer zunehmend globalisierten Welt wettbewerbsfähig sind, muss das fiskalische Ungleichgewicht, das die Regierungen der Gemeinden spüren, beseitigt werden. Dringender noch sind die Finanzprobleme der Gemeinschaften der Ureinwohner. Die Einwohner dieser Gemeinschaften zählen zu den ärmsten im Land und haben in vielen Fällen keinen Zugang zu öffentlichen Leistungen. Jedoch ist das Problem nicht nur eine Finanzierungsfrage. Es ist auch eine Frage der Erbringung der Leistungen, da gleichzeitig ein Systemwechsel erfolgt von einem System, in dem die Zentralregierung einem sehr handlungsorientierten, paternalistischen Ansatz folgte, hin zu einem System, in dem die Gemeinden selbst mehr und mehr Verantwortung übernehmen. Beides sind noch ungelöste Aufgaben, die die Steuerpolitiker in den nächsten Jahren beschäftigen werden.

Wege zur Reform des deutschen Fiskalföderalismus

LARS P. FELD / JÜRGEN VON HAGEN

Theoretisch ist das föderale System Deutschlands ein kooperatives System, doch hat die mangelnde Kooperation zwischen der Bundesregierung und den Bundesländern in der Praxis in eine Sackgasse geführt. Die Ausgabenhoheit der 16 deutschen Bundesländer wird durch die Vollmachten des Bundes beschränkt, und der überwiegende Teil der Bundesgesetzgebung bedarf der Zustimmung der Länder in der oberen Kammer des Parlaments, dem Bundesrat. Dies hat den Ländern ein Vetorecht gegen Gesetzesvorgaben des Bundes eingeräumt und die Fähigkeit der Bundesregierung, ihre eigene Politik zu verfolgen, beschränkt. Das Vetorecht der Länder wird häufig als ein Hindernis für politische Reformen auf der Bundesebene angesehen, insbesondere wenn die beiden Kammern des Parlaments von Mehrheiten aus unterschiedlichen politischen Lagern kontrolliert werden. Eine nennenswerte Kontrolle der Steuererhebung besteht nur auf der kommunalen Ebene und ist von untergeordneter Bedeutung. Die Entscheidungen über die wichtigsten Steuern werden vom Bund und den Ländern im Bundesrat gemeinsam getroffen. Die Länder dürfen einzeln keine Steuerbemessungsgrundlagen oder Steuersätze festlegen. Das System wird durch einen hochgradig gleichmacherischen Finanzausgleich vervollständigt, durch den die armen Länder besser gestellt werden.

Während der letzten 25 Jahre ist es immer offensichtlicher geworden, dass es nötig ist, die Finanzverfassung zu verbessern. Die ersten Forderungen nach einer Reform des Finanzausgleichs gaben folgende Gründe an:

- die Ungleichheiten zwischen den *Ländern,*
- die hochgradig gleichmacherische Natur des Finanzausgleichs
- die starken negativen Anreize, die eine Verbesserung der Steuerbemessungsgrundlage auf Länderebene verhindern

Ferner sind die Länder, die aufgrund exzessiver Kreditaufnahmen in finanzielle Schwierigkeiten geraten sind, vor Gericht gezogen, um von der Bundesregierung Bundesmittel zur Finanzierung ihrer Schulden zu erhalten. 1992 entschied das Bundesverfassungsgericht, dass der Bund solche Finanzmittel für die Länder Saarland und Bremen bereitstellen muss. Probleme dieser Art waren im deutschen Föderalismus bereits vor der Vereinigung inhärent, haben sich aber seitdem noch verschlimmert.

Die Politiker der Bundes- und der Länderebene, die Beamten und Wissenschaftler unterschiedlicher Disziplinen sind sich der Ungleichgewichte im Fiskalföderalismus Deutschlands seit langem bewusst. Für die Öffentlichkeit ist die Dringlichkeit dieser Situation offenkundig geworden, als das Land Berlin 2003 gegen den Bund auf Zahlung von Finanzmittel klagte und daraufhin 2005 eine weitere Klage des Saarlandes folgte.

Im Jahr 2004 unternahm eine Bundeskommission den Versuch, Vorschläge für eine Reform des deutschen Föderalismus, einschließlich der Finanzbeziehungen, zu erarbeiten. Bis Ende 2004 war die Kommission noch zu keiner Übereinkunft gekommen. Die im November 2005 ins Amt gekommene große Koalition aus Christ- und Sozialdemokraten versucht auf der Basis eines neuen Kompromisses zwischen den Ländern, den Ministerpräsidenten und der Kommission des Bundes, die Zuständigkeiten von Bund und Ländern zu entwirren. Die neue Regierung schlägt in einer Absichtserklärung zudem vor, die Reform des Fiskalföderalismus zu einem späteren Zeitpunkt zu diskutieren.

Weil die deutsche Finanzverfassung auf der Verteilung der Befugnisse im bundesstaatlichen System Deutschlands beruht, müsste einer Reform der Finanzbeziehungen zwischen den Ländern und der Bundesregierung die Entflechtung der Zuständigkeiten vorausgehen. Sowohl die Länder als auch der Bund müssen in verschiedenen Bereichen größere Autonomie erhalten, bevor eine Zuweisung der Finanzmittel möglich ist. Der Reformvorschlag zielt darauf ab, den Anteil der Gesetzgebungsverfahren, die der Zustimmung des Bundesrates bedürfen, von heute ungefähr 60 Prozent auf unter 50 Prozent zu senken. Dies würde dadurch erreicht, dass die Länder mehr ausschließliche Kompetenzen erhalten, zum Beispiel beim Schul- und Hochschulwesen oder bei der Bezahlung der öffentlich Bediensteten und Beamten. Der Bund würde unter anderem die ausschließliche Kompetenz bei der Umweltgesetzgebung erhalten.

In welchem Umfang die zusätzlichen Kompetenzen der Länder in einzelnen Bereichen durch eine größere Steuerautonomie begleitet werden sollten, ist zwischen den Ländern und auch zwischen ihnen und dem Bund heftig umstritten, ohne dass es einen Konsens darüber gibt, in welche Richtung sich die Reform bewegen sollte. Die Nettoempfänger des Finanzausgleichs zögern zudem, Änderungen in ihrer relativen Position zu akzeptieren. Und als letztes kommt dazu, dass die Länder in Finanzkrisen bisher auf die finanzielle Unterstützung der Bundesregierung angewiesen waren und man sich nicht einig ist, wie diese Abhängigkeit beendet werden soll.

Aus volkswirtschaftlicher Sicht scheinen eine größere Finanzautonomie der Ebenen unterhalb des Bundes und eine größere Verantwortung der Finanzmärkte eine vernünftige Lösung zu sein, um das Gleichgewicht des Fiskalföderalismus in Deutschland wiederherzustellen. Eine einfache politische Lösung, um größere Finanzautonomie zu erreichen, ist jedoch nicht in Sicht. Nicht praktikabel ist es, die Länder direkt einer Bewertung ihrer Kreditwürdigkeit durch die Finanzmärkte auszusetzen, weil einige Länder dann mit prohibitiv hohen Refinanzierungskosten konfrontiert würden. Die Länder zögern jedoch auch, eine Begrenzung ihrer Autonomie zu akzeptieren und dem Bund die Macht zu übertragen, bei exzessiv verschuldeten Ländern Konsolidierungsmaßnahmen durchzusetzen. Die Nettoempfänger des Finanzausgleichs dagegen wollen weder weniger Finanzausgleich noch größere Finanzautonomie akzeptieren. Auch wenn es verlockend ist, die Verteilung der Befugnisse von den Finanzfragen zu trennen, in der Praxis wird es sich als schwierig erweisen, das eine ohne das andere zu diskutieren.

Einige Beobachter argumentieren, eine graduelle Zunahme der Steuerautonomie sei politisch gangbar. Sie würde aus vier Komponenten bestehen. Zuerst könnten der Umfang und die Anzahl der gemeinsamen fiskalischen Befugnisse verringert werden. Insbesondere die gemeinsame Verantwortung für den Hochschulbau könnte abgeschafft werden. Als Zweites könnte die Gesetzgebungshoheit für Steuerarten, deren Aufkommen ausschließlich den Ländern zusteht (z.B. die Kraftfahrzeug-, die Grunderwerbs- und die Erbschaftssteuer) vollständig auf die Länderebene übertragen werden. Als Drittes könnte den Ländern das Recht eingeräumt werden, einen Zuschlag auf die persönliche Einkom-

> Weil die deutsche Finanzverfassung auf der Verteilung der Befugnisse im bundesstaatlichen System Deutschlands beruht, müsste einer Reform der Finanzbeziehungen zwischen den Ländern und der Bundesregierung die Entflechtung der Zuständigkeiten vorausgehen.

menssteuer und Körperschaftssteuer zu erheben. Schließlich könnte der Finanzausgleich Schritt für Schritt abgebaut werden, um eine größere Steuerautonomie der Länder zu ermöglichen und deren positive Wirkung zu entfalten.

Eine größere Steuerautonomie wäre auch die Vorbedingung für eine Lösung, um mittelfristig die Abhängigkeit der Länder von Rettungsaktionen des Bundes oder von Krediten zur Deckung der Ausgaben zu beenden. Gegenwärtig ist die Kreditaufnahme häufig die einzige Alternative der Länder, wenn sie auf einen wirtschaftlichen Schock reagieren müssen. Ein kurzfristiges Anziehen der Budgetbeschränkungen der Länder könnte durch striktere Regeln zur Durchsetzung der Haushaltskonsolidierung in Ländern mit exzessiver Verschuldung erreicht werden. Wenn versucht wird eine Lösung zu finden für den Ausgleich zwischen größerer Steuerautonomie der einzelnen Länder und weniger Autonomie bei der Kreditaufnahme, wird eine Reform des fiskalischen Föderalismus schwierig. Anstatt tatsächliche politische Lösungen zu diskutieren, ist es wahrscheinlich besser, Verfahren zur Verringerung der dysfunktionalen Elemente des deutschen Fiskalföderalismus zu finden.

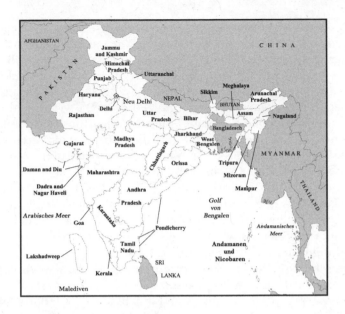

Fiskalischer Föderalismus in Indien:
Kommende Herausforderungen

M. GOVINDA RAO

Das indische System zwischenstaatlicher Finanzvereinbarungen hat dem Land seit weit über 50 Jahren gute Dienste geleistet. Es hat eine signifikante Angleichung der Leistungen erreicht und ein funktionierendes System der Streitschlichtung zwischen der Nationalregierung – die in Indien als „Zentrum" bezeichnet wird – und den einzelnen Bundesstaaten geschaffen. Es hat sich den wandelnden Anforderungen angepasst und damit dazu beigetragen, in einem großen Land mit vielen Unterschieden ein hohes Maß an Kohäsion zu erreichen. Zwar bedürfen einige Bereiche einer Reform, das beständigste Merkmal ist jedoch, dass eine solche Reform in hohem Maße möglich ist.

Die Steuerhoheit und die Ausgabenzuständigkeiten des Zentrums und der Bundesstaaten sind in der Verfassung in Form von Listen für das Zentrum, die Bundesstaaten und die konkurrierenden Kompetenzen festgelegt. Mit der 1992 erfolgten Ergänzung der Verfassung haben auch kommunale Regierungen in ländlichen und städtischen Gebieten ihre Aufnahme in die Verfassung gefunden. Neben der Aufrecherhaltung von Gesetz und Ordnung spielen die Bundesstaaten eine überragende Rolle bei der Bereitstellung von Sozialleistungen wie Bildung, Gesundheit,

Wohnungswesen und Familienhilfe. Bei der Bereitstellung wirtschaftlicher Leistungen sind sie in der gleichen Position wie das Zentrum. Wichtig ist ihre Rolle insbesondere bei der Entwicklung der Landwirtschaft, der Bewässerung, der Industrieförderung und der Transportinfrastruktur. Die meisten mit breiter Bemessungsgrundlage versehenen progressiven Steuerarten sind der Nationalregierung zugeordnet. Die wichtigsten Steuern des Zentrums sind Zölle, Verbrauchssteuern auf Industrieprodukte, die Lohn- und Einkommenssteuer und die Körperschaftssteuer. Den Bundesstaaten sind ebenfalls einige wenige Steuerbemessungsgrundlagen zugeordnet, aber unter dem Gesichtspunkt der Steuereinnahmen ist die Erhebung einer Umsatzsteuer im Einzelhandel die wichtigste. Die Bundesstaaten können sowohl bei der Zentralregierung als auch auf Kapitalmarkt Kredite aufnehmen. Wenn ein Bundesstaat jedoch bei der Zentralregierung bereits verschuldet ist, muss er sich eine weitere Verschuldung vom Zentrum genehmigen lassen.

Der indische Fiskalföderalismus ist durch ein hohes Maß an vertikaler und horizontaler Ungleichheit gekennzeichnet. In den Jahren 2003-2004 entfielen etwa 39 Prozent der gesamten Einnahmen auf die Bundesstaaten. Ihr Anteil an den Ausgaben betrug jedoch 57 Prozent. Über 55 Prozent der Gesamtausgaben der Bundesstaaten wurden durch Zuweisungen des Zentrums oder durch Kreditaufnahmen finanziert. Im Hinblick auf die horizontalen Ungleichgewichte sind die als Bundesstaaten der „besonderen Kategorie" klassifizierten 11 kleinen Bergstaaten am stärksten benachteiligt. Sie weisen nur geringe Produktionsaktivitäten auf und sind kaum in der Lage, Einnahmen aus den ihnen zugeordneten Quellen zu erzielen. Aber selbst zwischen den 17 Bundesstaaten der „allgemeinen Kategorie" bestehen signifikante Unterschiede hinsichtlich der Größe, der Fähigkeit, Einnahmen zu erzielen, der Leistungen, des Ausgabenniveaus und der finanzpolitischen Abhängigkeit. Das durchschnittliche Pro-Kopf-Einkommen war im Bundesstaat Goa am höchsten (56.599 Rupien) und 8,7 Mal mal höher als in Bihar, dem Bundesstaat mit dem niedrigsten Pro-Kopf-Einkommen (6.539 Rupien). Die Verfassung trägt der Tatsache Rechnung, dass die Steuerkraft der Bundesstaaten nicht ausreicht, ihre Ausgaben zu decken, und sieht deshalb eine Beteiligung an den Steuereinnahmen des Zentrums vor.

> Die Verfassung trägt der Tatsache Rechnung, dass die Steuerkraft der Bundesstaaten nicht ausreicht, ihre Ausgaben zu decken, und sieht deshalb eine Beteiligung an den Steuereinnahmen des Zentrums vor.

Eine bemerkenswerte Eigenschaft der Transfers in Indien ist die Existenz mehrerer Kanäle zur Bereitstellung der Geldmittel. Ein solcher Kanal ist die im März 1950 durch einen Beschluss der indischen Regierung ins Leben gerufene Planungskommission, die die Bundesstaaten mit

Zuschüssen und Krediten unterstützt, damit diese ihre geplanten Ausgaben decken können. Bis 1969 wurde den Bundesstaaten Planunterstützung für spezifische Unternehmungen gewährt, wobei diese Zuweisungen nicht aufgrund einer allgemeinen Formel zugewiesen wurden. Vielmehr wurde sowohl der Umfang der Hilfe als auch die Komponenten der Zuschüsse bzw. Kredite aufgrund der Art der geplanten Unternehmungen bestimmt. Seit 1969 jedoch wird den Bundesstaaten Planunterstützung sowohl durch Zuweisungen als auch Kredite gewährt, die anhand einer vom National Development Council (NDC) genehmigten Formel berechnet werden. Der NDC setzt sich aus den Ministern des Kabinetts, den Mitgliedern der Planungskommission und den Regierungschefs der Bundesstaaten zusammen. Den Vorsitz hat der Ministerpräsident. Die Zuschüsse der Planungskommission belaufen sich auf etwa 16 bis 20 Prozent aller Transfers des Zentrums.

Die Verfassung schreibt vor, dass der indische Präsident alle fünf Jahre eine Finanzkommission beruft, die die Finanzen des Zentrums und der Bundesstaaten überprüft und für die folgenden fünf Jahre Empfehlungen für Steuerdevolutionen und Zuschüsse ausspricht. Als neben der Finanzkommission auch die oben genannte Planungskommission begann, Zuschüsse zu vergeben, wurde der Zuständigkeitsbereich der Finanzkommission auf die Empfehlung von Transfers für außerplanmäßige Ausgaben der Bundesstaaten beschränkt. Bisher sind 12 Finanzkommissionen berufen worden, die ihre Berichte vorgelegt haben. Gegenwärtig stellen die Transfers der Finanzkommission etwa 60 Prozent der Gesamttransfers dar, die der Planungskommission etwa 20 Prozent. Außerdem gewähren verschiedene Ministerien des Zentrums den Bundesstaaten Zuschüsse für spezielle Projekte zum Teil mit, zum Teil ohne die Forderung nach einer Kofinanzierung der Bundesstaaten. Es gibt über 200 solcher Projekte; unter finanzpolitischen Gesichtspunkten sind davon aber nur wenige von Bedeutung.

Das Transfersystem ist mit vielen Problemen behaftet. Viele Transferkanäle unterstützen gelegentlich sich widersprechende Ziele und machen es damit enorm schwierig, die Transfers auf die finanzpolitisch benachteiligten Bundesstaaten zu fokussieren. Die von der Finanzkommission übernommene Methode für Transfers – die darauf abzielt, die Lücke zwischen den geplanten Einnahmen und Ausgaben zu schließen – hat nicht nur erhebliche negative Anreize geschaffen, sondern auch zu Ungerechtigkeiten geführt. Das System strebt keine signifikante Angleichung an, weil die Vorhersagen für die Ausgaben der ärmeren Bundesstaaten von einem sehr niedrigen Basiswert ausgehen. Da die hochgerechneten Finanzierungslücken durch Transfers gefüllt werden, entstehen negative Anreize für die Steuer- und Ausgabenpolitik. Die Unterscheidung von planmäßigen und außerplanmäßigen Transfers hat zudem den Haushalt segmentiert und negative Folgen für das

Finanzmanagement. Darüber hinaus hat das Anwachsen der zweckbes-
timmten Transfers zu Ineffizienz im Ausgabenmanagement geführt. Diese
Probleme haben das Transfersystem in erheblichem Maße politisiert.

Die zwischenstaatliche Politik und die zwischenstaatlichen Institutionen
in Indien haben sich im Kontext einer vom öffentlichen Sektor
dominierten, auf der Schwerindustrie basierten Industrialisierung
entwickelt, die Bestandteil der geplanten Entwicklungsstrategie war. Mit
der ökonomischen Liberalisierung und der Öffnung der Volkswirtschaft
sind signifikante Änderungen im System des fiskalischen Föderalismus
notwendig geworden. Einige der Herausforderungen bestehen darin, die
Einnahmen staatlicher Unternehmen durch Steuern zu ersetzen, den
Verlust von Zolleinnahmen auszugleichen und eine am Bestimmungsland-
prinzip orientierte Mehrwertsteuer einzuführen. Angesichts einer
zunehmend globalisierten Wirtschaft müssen die Bundesstaaten ihre
vordringlichen Aufgaben (das Erbringen von Sozialleistungen und die
Bereitstellung der materiellen Infrastruktur) in effizienter Weise erfüllen.
Außerdem muss das Finanzsystem das Problem lösen, wie auf den unteren
staatlichen Ebenen Haushaltsdisziplin sichergestellt und die Zunahme
der Haushaltsdefizite und der Verschuldung der Bundesstaaten beendet
werden kann. Das Zustandekommen von Koalitionsregierungen im
Zentrum und in den Bundesstaaten hat zu einem wettbewerblichen
Populismus geführt und zur Umsetzung von Maßnahmen, die bei den
Wählern populär sind, ohne dass die finanzpolitischen Folgen berücksichtigt
würden. Da die Regionalparteien, die auf der Ebene der Bundesstaaten
die Regierung stellen, zu tragenden Säulen der Zentrumskoalition geworden
sind, ist es zu einigen asymmetrischen Vereinbarungen gekommen. Alle
diese Faktoren hatten einen negativen Einfluss auf die Finanzverwaltung.

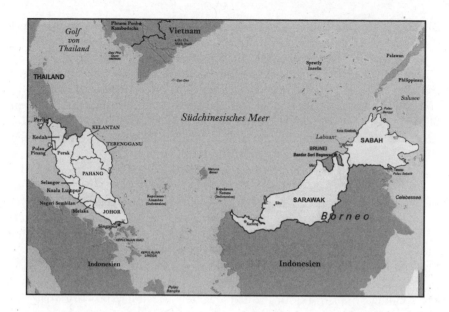

Fiskalischer Föderalismus in Malaysia: Herausforderungen und Aussichten

SAIFUL AZHAR ROSLY

Obwohl in der Bundesverfassung Malaysias der Bundesregierung, den Regierungen der Bundesstaaten und der kommunalen Ebene eindeutige Zuständigkeiten zugeordnet werden, hat die wesentlich größere Steuerkraft der Bundesregierung zu fiskalischer Zentralisierung geführt. Die Bundesregierung hat die Befugnis, Einkommenssteuern, Körperschaftssteuern, Steuern auf Im- und Exporte sowie die Umsatzsteuer zu erheben. Und obwohl den Regierungen der Bundesstaaten wenig Spielraum zur Erzielung von Steuereinnahmen verbleibt, werden sie bei der Kreditaufnahme von der Verfassung weiter eingeschränkt und sind damit abhängig von Zuschüssen und Krediten des Bundes, um die durch rasches Wirtschaftswachstum und städtebauliche Maßnahmen wachsenden Ausgaben zu decken. Einnahmen aus Gebühren, Lizenzen, Umlagen und Steuern auf mineralische Rohstoffe reichen schlicht nicht aus, in der heutigen Zeit die Ausgaben der Regierungen von Bundesstaaten und Gemeinden zu decken.

Damit diese Gleichung aufgeht, wird der Zentralregierung von der Verfassung die Zuständigkeit für die die Leistungserbringung in folgenden Gebieten übertrage: Verwaltung, Landesverteidigung, innere Sicherheit,

Bildung, Medizin und Gesundheitswesen, Arbeitsmarktpolitik und
Sozialwesen. In gewissem Maße haben diese Ausgaben die wirtschaftliche
Entwicklung in den einzelnen Bundesstaaten gefördert und könnten
einen indirekten Ausgleich darstellen, da die Bundesstaaten nicht länger
für grundlegende öffentliche Leistungen und Infrastrukturen wie
Nationalstraßen und öffentliche Hochschulen zahlen müssen. In gewissem
Sinne müssen sich die Regierungen der Bundesstaaten weniger Sorgen um
drohende Haushaltsdefizite machen, da die Zentralregierung regelmäßig
Kredite zur Finanzierung von Defiziten bereitstellt.

Mit so weit reichenden Steuer- und Ausgabenkompetenzen ist die
Zentralregierung in der Lage, Großprojekte wie das „Nationale Auto-
Projekt", das „Multimedia-Super-Korridor-Projekt" und die Schaffung des
Bundesverwaltungszentrums in Putrajaya zu initiieren. Vom nationalen
Auto-Projekt wird erwartet, dass es Malaysia in den Bereichen der
Motoren-, Komponenten- und Autodesign-Technologie voranbringt –
obwohl die Herausforderungen, die sich aus dem hohen Wettbewerbsgrad
der globalen Autoindustrie ergeben, ein Hindernis sein könnten. Das
Multimedia-Super-Korridor-Projekt (MSC) ist Malaysias Initiative im
Bereich der globalen Informations- und Kommunikationstechnologie
(ICT). Das Bundesverwaltungszentrum in Putrajaya schließlich soll alle
Regierungsstellen und Ministerien an einem Ort zusammenführen. Durch
die Nutzung von Leasing- und Kauffinanzierungen werden die Entwick-
lungskosten anfänglich nicht von der Regierung getragen. Von den
Unternehmen, die Bauaufträge erhalten haben, wird erwartet, dass sie
ihre eigenen Finanzierungsquellen nutzen. Anders als die Regierungen
der Bundesstaaten hat die Zentralregierung das Recht, sich zur
Finanzierung öffentlicher Aufgaben zu verschulden. In diesem Fall gilt die
Zahlung von Leasingraten als öffentliche Ausgabe.

Obwohl es der Regierung eines Bundesstaates nicht gestattet ist, Kredite
zur Durchführung von Projekten in ihrem Bundesstaat aufzunehmen, ist
es gemäß der Verfassung nicht verboten, dass sich in Staatsbesitz befindliche Unternehmen Finanzmittel durch Kredite oder Schuldpapiere
besorgen. Privatisierungen führen in Malaysia in der Regel zur Entstehung
von Unternehmen, die von der Zentralregierung oder von den Regierungen
der Bundesstaaten kontrolliert werden, und beinhalten keinen vollständigen
Übergang von Staatsvermögen in private Hände. Genau genommen führt
sie unternehmerisches Denken in das neue Gebilde ein, Mehrheits-
gesellschafter bleibt aber die Regierung. Von der Privatisierung wird
erwartet, dass sie zu Effizienzsteigerungen und einer Verringerung der
Staatsausgaben führt. Wenn alles nach Plan geht, sollte ein regierungs-
nahes Unternehmen in der Lage sein, neue Arbeitsplätze zu schaffen und
die Steuerbemessungsgrundlage des Bundes zu erweitern. Wenn jedoch
ein Unternehmen scheitert, erwartet es von der Zentralregierung die
Rettung – eine Strategie, die die Belastung der Steuerzahler erhöht.

Regierungsnahe Unternehmen haben sich in die Bereiche Gesundheits-wesen, Automobil- und Industrieprodukte, Transport, Immobilien und Bauindustrie, Finanzinstitutionen, Technologie, Medien und Kommunikation vorgewagt.

Die den Regierungen der Bundesstaaten gegebenen Befugnisse und Finanzmittel sind in der Verfassung sorgfältig ausbalanciert. Jedem Bundesstaat wird ein „Pro-Kopf-Zuschuss" gewährt, der auf der Größe der Bevölkerung basiert (die gegenwärtig verwendete Formel sollte jedoch um weitere Variablen ergänzt werden), und ein Straßenbau-Zuschuss, der auf der geografischen Ausdehnung der einzelnen Bundesstaaten basiert. Zudem gibt es Zuweisungen aus gemeinsamen Steuerverbünden wie beispielsweise Einnahmenwachstumszuschüsse, die die Steuereinnahmen berücksichtigen, die in den einzelnen Bundesstaaten durch Wirtschafts-wachstum erzielt wurden. Die Auszahlung von Finanzmitteln kann ausgesetzt oder verzögert werden, aber die Finanzierung kann niemals einfach gestrichen werden. Die Kredite der Zentralregierung an die Regierungen der Bundesstaaten werden in der Regel abgeschrieben, da die Bundesstaaten nicht die Fähigkeit besitzen, die Kredite zu bedienen, und auf absehbare Zeit finanziell kaum unabhängig werden.

Eine fiskalische Dezentralisierung ist unter Umständen dennoch nicht die Antwort auf die Finanzprobleme der Bundesstaaten Malaysias. Wegen der geringen Größe der meisten Bundesstaaten dürfte das Fehlen jeglicher Skaleneffekte die finanzpolitische Dezentralisierung keine gute Option sein. Stattdessen könnten die Zuschüsse an die Bundesstaaten alle fünf Jahre überprüft werden, so dass die Regierungen der Bundesstaaten in der Lage wären, ihre Versprechen gegenüber den Wählern zu halten, besonders hinsichtlich von Programmen wie der Verhinderung von Landstreitigkeiten und der Bereitstellung von subventionierten Wohnungen für die Armen. Eine bessere Zukunft erwartet die kommunalen Regierungen, die größere Autonomie als die Bundesstaaten genießen. Eine kommunale Regierung kann zur Finanzierung von Projekten, die sie für gewinnbringend hält, Bankkredite aufnehmen und mit Forderungsrechten besicherte festverzinsliche Wertpapiere nutzen. Einige Kommunalregierungen haben substantielles Immobilienvermögen, das dazu genutzt werden kann, Finanzmittel für die Kapitalbildung zu sammeln.

> Eine bessere Zukunft erwartet die kommunalen Regierungen, die größere Autonomie als die Bundesstaaten genießen.

Weil in den letzten 20 Jahren neue Probleme aufgetreten sind, ist es dringend notwendig, den Föderalismus in Malaysia in einem modernen Kontext zu untersuchen. Wenn man bedenkt, dass die Bundesverfassung 1967 besondere Zuschüsse für die Bundesstaaten Sabah und Sarawak vorsah, sollte sie in der Lage sein, neue Zuschüsse auf der Basis heutiger

Notwendigkeiten bereitzustellen, mit denen die Umweltzerstörung in den Bundesstaaten bekämpft und Probleme bei der Wasserversorgung (einschließlich von Flüssen, die von einem Bundesstaat in den nächsten fließen) gelöst werden können. So hat zum Beispiel das Fehlen von Finanzmitteln für Überwachungsmaßnahmen auf der Ebene der Bundesstaaten dazu geführt, dass umfangreiche illegale Abholzungen und das Ableiten von Giftmüll in die Flüsse nicht verhindert werden konnte, wobei auch die Korruption einiger Regierungsbeamter zu diesen Problemen beigetragen haben mag.

Ein anderes Problem ist die mit der kürzlich erfolgten Verringerung der Benzinsubventionen einhergehende fiskalische Zentralisierung, die zu einem öffentlichen Aufschrei und zu Unzufriedenheit geführt hat. Die eingesparten Subventionen (1,2 Milliarden US-$ bzw. 4,4 Milliarden MYR) werden für die Verbesserung des Transportsystems und der Infrastruktur verwendet. Selbst wenn die letzte Entscheidung durch die Zentralregierung getroffen wird, würde die Aufteilung des Geldes auf die Bundesstaaten und die Einrichtungen des Bundes aber auf allen Regierungsebenen intensive Beratungen zwischen den Entscheidungsträgern erforderlich machen. Neben den Benzinpreiserhöhungen, die der Reduzierung der Staatsausgaben dienen, ist auch die in den kommenden Monaten zu erwartende Erhöhung der Strompreise ein Beweis für die strikte Kontrolle der Versorgungsunternehmen durch die Zentralregierung und folglich für die Zentralisierung des fiskalischen Föderalismus Malaysias.

Der Föderalismus ist in Malaysia zum Teil in der Lage die Stabilität der Zentralregierung zu sichern, für die einzelnen Bundesstaaten trifft dies jedoch nicht vollständig zu. Die außerordentlich große Steuerkraft der Zentralregierung Malaysias stellt ein wirksames Instrument dar, die politische Herrschaft der gewählten Regierungspartei langfristig zu sichern. Ein Gegengewicht zu dieser Macht könnten kontinuierlich stattfindende, energische und ernsthafte Dialoge und Beratungen zwischen den im Parlament vertretenen politischen Parteien bieten.

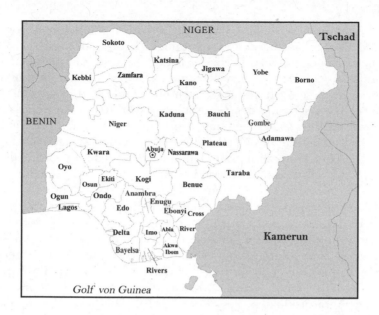

Fiskalischer Föderalismus in Nigeria: Ungeklärte Fragen

AKPAN H. EKPO

Nigeria erlangte im Jahr 1960 seine Unabhängigkeit von Großbritannien und mit ihr ein System des fiskalischen Föderalismus, das den Regionen ein großes Maß an Autonomie gewährte. Seit der Unabhängigkeit war die föderale Struktur Nigerias vielen Änderungen unterworfen. Heute gibt es 36 Bundesstaaten, 774 lokale Regierungen und mit Abuja ein separates Territorium der Bundeshauptstadt, das 1991 die alte Hauptstadt Lagos ersetzte. Die Entwicklung des ölreichen Landes zu seiner gegenwärtigen Form des Fiskalföderalismus hat in einer Situation signifikanter wirtschaftlicher, politischer, verfassungsmäßiger, lokaler und kultureller Entwicklungen stattgefunden.

Der Grad regionaler Autonomie nahm bis zur Unabhängigkeit im Jahr 1960 zu und entwickelte sich soweit weiter, bis die Regionen zur nigerianischen Bundesverfassung auch eigene Verfassungen hatten. Der Putsch des Militärs im Jahr 1966 jedoch zerstörte dieses System vollständig und ersetzte es mit einem militärischen Regierungssystem, das genaue Gegenteil von Föderalismus. Selbst heute noch, wo die Regierungen auf allen Ebenen demokratisch gewählt sind, behindern bestimmte Überreste des Einheitssystems die Finanzpolitik und die Finanzverwaltung des Landes.

In bestimmten föderalen Ordnungen fließen Einnahmen von den
unteren Ebenen an die Zentralregierung. Theoretisch sollte es so sein,
dass in der nigerianischen Form des Föderalismus die Bundesstaaten die
Kontrolle über ihre eigenen Ressourcen haben. Dann könnte jeder
Bundesstaat diese nach besten Kräften entwickeln und in angemessener
Form zur Unterstützung der Zentrale beitragen. In der Realität trifft das
Gegenteil zu: Die Zentralregierung kontrolliert die Ressourcen einschlie-
ßlich der wichtigsten: des Öls. Es gibt deshalb einen dringenden Bedarf,
den fiskalischen Föderalismus des Landes aufgrund der unterschiedlichen
Stärken und Schwächen der föderalen Einheiten zu reformieren.

Eine der umstrittenen Fragen in Nigerias Fiskalföderalismus ist die
Aufteilung der Staatseinnahmen auf die drei Regierungsebenen. Kern des
Streits ist das „Ursprungsprinzip", eine Verfassungsnorm, die vorschreibt,
dass die Zentralregierung 13 Prozent der Einnahmen aus den natürlichen
Ressourcen eines Bundesstaats an diesen zurückzahlt. Viele Nigerianer
wünschen, dass dieser Prozentsatz erhöht wird. Bevor das Erdöl in der
Mitte der 70er Jahre zur Haupteinnahmequelle für Devisen wurde,
kam den Agrarprodukten diese Rolle zu. Die Abführung betrug damals
50 Prozent. Paradoxerweise entstammten die wichtigen Agrarprodukte
auch den drei ethnischen Machtblöcken: Kakao aus dem Westen,
Erdnüsse aus dem Norden und Palmenprodukte aus dem Osten.

> Gleichheit und
> Gerechtigkeit
> würden verlangen,
> dass jeder Bundes-
> staat einen erhe-
> blichen Teil seiner
> Ressourcen selbst
> kontrolliert. Deshalb
> zweifeln viele die
> Formel für die Ein-
> nahmenteilung an.

Erdöl, das seither zur Ressourcenbasis des
Landes geworden ist, wird in den Minderheit-
engebieten des Landes gefördert, die über keine
eigene Machtbasis verfügen. Über die Höhe des
Herkunftsanteils wird heftig gestritten. Die
Gebiete, in denen Erdöl gefunden wurde, sind so
unterentwickelt und arm, dass 13 Prozent
Herkunftsanteil inadäquat sind. Die Ansprüche
der Erdöl produzierenden Gebiete drehen sich
deshalb im Kern darum, dass die Gebiete ver-
nachlässigt und zu Opfern gemacht würden, weil
ihnen die nötige politische Macht fehle. Für sie
muss die Formel, mit der die Einnahmen
aufgeteilt werden, sicherstellen, dass diejenigen,
die die Ressourcenbasis des Landes beherbergen, einen fairen Anteil
erhalten, der für dauerhaftes Wachstum und Entwicklung ausreicht.
Gleichheit und Gerechtigkeit würden verlangen, dass jeder Bundesstaat
einen erheblichen Teil seiner Ressourcen selbst kontrolliert. Deshalb
zweifeln viele die Formel für die Einnahmenteilung an. Der Herkunftsanteil
sollte erhöht werden.

Ein weiteres Problem der bundesstaatlichen Finanzen in Nigeria besteht
darin, wie die Einnahmen zwischen den zwei oder drei Regierungsebenen so
verteilt werden können, dass die Finanzkraft ausreicht, die zugeordneten

Aufgaben zu erfüllen. In Nigeria gibt es eine Denkschule, die behauptet, dass einige Aufgaben, die gegenwärtig von der Zentralregierung wahrgenommen werden, den Bundesstaaten übertragen werden sollten. Idealerweise sollten sich alle Teile des Bundes in ihrem eigenen Tempo entwickeln, und dabei die eigenen Ressourcen zur Erreichung der geplanten Entwicklungsziele nutzbar machen. Sie sollten ihre Förderkapazität entwickeln und ihre Entwicklungsziele und -präferenzen aufgrund der ihnen zur Verfügung stehenden Ressourcen verfolgen. Dies würde den Eindruck abschwächen, dass die Ressourcen eines Gebietes für die Entwicklung anderer Gebiete abgezweigt werden. Gleichzeitig jedoch würden alle Teile des Bundes die finanzielle Überlebensfähigkeit des Zentrums sichern. Der fiskalische Föderalismus des Landes würde auf diese Weise eher auf die Stimulierung unterschiedlichen Wirtschaftswachstums als auf eine Sozialpolitik bei der Einnahmenverteilung zugeschnitten.

Zu den Faktoren, die eine Formel für eine gerechte und stabile Verteilung der Einnahmen auf die drei Regierungsebenen berücksichtigen müsste, zählen:

- die Einführung eines einheitlichen Ursprungsprinzips,
- die stärkere Betonung der Gleichheit der Bundesstaaten,
- mehr Aufmerksamkeit für die Entwicklung der Gebiete, in denen natürliche Ressourcen gefördert werden, und
- die Verteilung der Einnahmen entsprechend den Zuständigkeiten der Regierungsebenen.

Die Übertragung von Einnahmen- und Ausgabenkompetenzen auf die Gliedstaaten hat das Gesetz zur Finanzverantwortlichkeit notwendig gemacht. Diese Maßnahme erlangte Gesetzeskraft in einem Versuch, die negativen Folgen der großen Haushaltsdefizite des Landes zu vermeiden. Das Gesetz ermöglicht die Überwachung der Defizite auf den unteren Regierungsebenen. Deswegen ist finanzpolitische Koordination von entscheidender Bedeutung. Das Gesetz zur Finanzverantwortlichkeit zielt darauf ab, alle Regierungsebenen auf eine wirksame, disziplinierte und koordinierte Planung und Umsetzung des Haushaltes und eine entsprechende Berichterstattung darüber zu verpflichten. Zwar sind alle Teile des Bundes verpflichtet, zu makroökonomischer Stabilität beizutragen, aber die wirkungsvolle Vollziehung des Gesetzes verursacht den politischen Entscheidungsträgern weiterhin Sorgen.

Es ist wichtig, dass die Spannungen, die der fiskalische Föderalismus in Nigeria verursacht, durch sinnvolle Dialoge und Übereinkommen abgebaut werden, damit sie nicht in eine Krise führen, die das Überleben des Landes bedrohen könnten. Ein Beispiel dafür ist die kürzlich abgehaltene nationale Reformkonferenz, an der die Minderheitsstaaten einen Auszug inszenierten, um gegen die Weigerung der anderen Konferenzteilnehmer, den Prozentsatz des Ursprungsprinzips zu erhöhen, zu protestieren.

Der russische Föderalismus am Scheideweg

ALEXANDER DERYUGIN / GALINA KURLYANDSKAYA

Russland wird in Kürze die im Jahr 2001 begonnene Einführung eines Programms des fiskalischen Föderalismus abschließen. Das Programm versprach Haushaltsdisziplin, ein transparentes System zwischenstaatlicher Finanzbeziehungen und eindeutig zugeordnete Aufgabenzuständigkeiten und Einnahmequellen. Obwohl das Programm eines der wenigen ist, das die russische Regierung erfolgreich umgesetzt hat, haben die Ereignisse in Russland seit dem Beginn des Programms zu der Frage geführt, ob es möglich ist, fiskalischen Föderalismus in einem Land aufrecht zu erhalten, das sich zunehmend vom politischen Föderalismus entfernt. Was auch immer die Antwort darauf sein mag, eines ist klar: die Einnahmenautonomie der Gliedstaaten ist ein Schlüsselfaktor für den Erfolg des fiskalischen Föderalismus– eines fiskalischen Föderalismus, von dem viele hoffen, dass er den Weg für eine Rückkehr zum politischen Föderalismus ebnet.

Zu Beginn der Entwicklung des russischen Föderalismus in den frühen 90er Jahren bot die Zentralregierung den Bundesstaaten so viele Kompetenzen an, wie diese für sich beanspruchten – ein Schachzug, von dem viele glauben, dass er das Land vor dem Auseinanderbrechen bewahrte. Die Autonomie der Bundesstaaten wurde jedoch schnell zu einem Hindernis für die Entwicklung des integrierten Landes. Um die zentrifugalen Tendenzen und die zunehmenden Asymmetrien in den bundesstaatlichen Beziehungen zu überwinden, legte die Regierung ein Programm des fiskalischen Föderalismus auf.

Im Verlauf der Programmeinführung legte die Regierung Gesetze vor, die die Gesetzgebungs- und Verwaltungskompetenzen der Regierungen der Bundesstaaten und Gemeinden erweiterten. Die Gesetze brachten die Bundesgesetzgebung in Einklang mit der neuen Ordnung, in der die Ressourcen und Zuständigkeiten zentralisiert wurden, während die politische Macht dezentralisiert blieb. Die einzelnen Bundesstaaten behielten die Hoheit über einige wichtige Aufgabenbereiche (z. B. das Gesundheits- und Bildungswesen) und die Zentralregierung versprach, sich in diese nicht einzumischen.

Nach der Geiselnahme in der Schule von Beslan im September 2004 ergriff

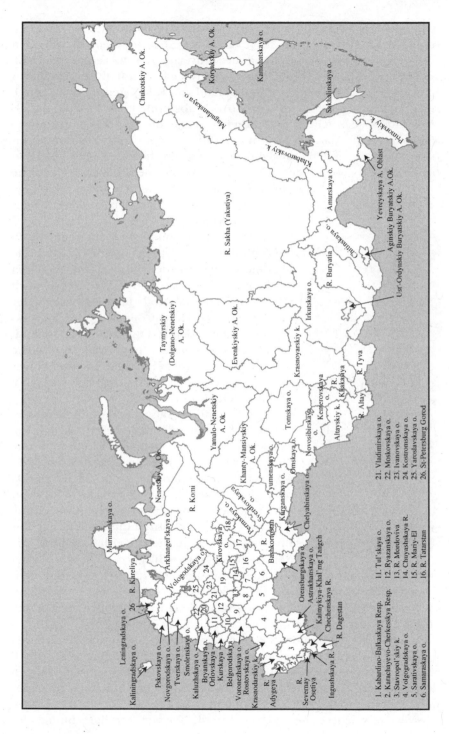

1. Kabardino-Balkaskaya Resp.
2. Karachayevo-Cherkesskya Resp.
3. Stavropol'skiy k.
4. Volgogradskaya o.
5. Saratīvskaya o.
6. Samarnaskaya o.

11. Tul'skaya o.
12. Ryazanskaya o.
13. R. Mordoviva
14. Chuyashskaya R.
15. R. Mariy-El
16. R. Tatarstan

21. Vladimirskaya o.
22. Moskovskaya o.
23. Ivanovskaya o.
24. Kostromskaya o.
25. Yaroslavskaya o.
26. St-Petersburg Gorod

die Zentralregierung ernsthaftere Maßnahmen, die politische Macht zu bündeln. Zu den umstrittensten zählt, dass der Präsident die direkten Gouverneurswahlen umging und die Gouverneure selbst ernannte. Infolgedessen wurden die Gouverneure integraler Bestandteil der nationalen Exekutivgewalt, und eine wachsende Zahl von Kompetenzen der Zentralregierung wurde an die unteren Ebenen abgetreten, ein Prozess, der als „Delegation" bezeichnet wird. Damit wurde die Föderalismusstrategie Vladimir Putins klar: Die Zentralregierung ernennt die Regionalregierungen, überträgt ihnen Aufgaben und die entsprechenden Finanzmittel und behält ihre Ausgaben unter strikter Kontrolle. Für den Fall, dass öffentliche Mittel zweckentfremdet werden und sich die Lage einer Region verschlechtert, verfügt der Präsident über die nötigen Mittel, dies umzukehren. Dieser Strategie haftet eine mögliche Gefahr an: Sobald die Zentralregierung damit beginnt, die Kontrolle über die Vollziehung der Bundesaufgaben durch die Regionen zu übernehmen, könnte sie auch versucht sein, die Kontrolle über regionale, unter die gemeinsame Hoheit der Zentralregion und der Regionen fallende Funktionen, an sich zu ziehen. Da die Regionen heute viele zusätzliche Aufgaben erfüllen, bei denen Interventionen der Zentralregierung nicht ausgeschlossen sind, ist diese Gefahr sehr real.

Hinzu kommt die Tatsache, dass die Regionen nur wenig Steuerautonomie genießen. Gegenwärtig existieren nur drei regionale und zwei lokale Steuern, verglichen mit der erstaunlichen Zahl von beinahe 50 Steuern der Zentralregierung. Da die regionalen und lokalen Haushalte in Russland durch Steuern und Zuweisungen der Zentralregierung und nicht durch die Besteuerung der Bürger vor Ort finanziert werden, können die Regionen von ihren Bürgern nicht zur Verantwortung gezogen werden. In Russland sind die Unternehmen und nicht die natürlichen Personen die wichtigsten Steuerzahler. Als Folge davon sind die Gouverneure mehr daran interessiert, neue Unternehmen anzulocken, als die Lebensqualität der Menschen in ihrer Region zu verbessern.

Im Jahr 2004 wurden die Steuerquellen der Regionen und der Zentralregierung dauerhaft den Ebenen unterhalb der Föderation zugeordnet, was die Regionen weniger abhängig von den Haushaltsentscheidungen der Zentralregierung macht. Diese Änderungen haben jedoch zu keiner nennenswerten Stärkung der Einnahmenhoheit der Regionen geführt. Dieselbe missliche Lage ist auch für die Formel zur Berechnung der

Ausgleichszahlungen zu konstatieren: Auf der einen Seite scheint ein formalisierter Ansatz für die Zuschüsse der Zentralregierung den Regionen eine größere finanzielle Unabhängigkeit zu bringen; auf der anderen Seite wird die Verteilungsformel von der Zentralregierung definiert und nach eigenem Gutdünken geändert.

Gegenwärtig gibt es in Russland kein Programm des Fiskalföderalismus, mit dem sich die eben geschilderte Lage verbessern ließe. Das Land ist sich über die Zukunft des Föderalismus nicht einig. Die meisten Experten sind der Meinung, dass die Gliedstaaten wegen der großen Unterschiede, die gegenwärtig in der sozialen, ökonomischen und politischen Entwicklung, im Klima und bei vielen anderen Faktoren bestehen, nicht dieselben Zuständigkeiten und Kompetenzen übernehmen können. In den 90er Jahren erhielten starke Regionen im Rahmen bilateraler Vereinbarungen mit der Zentralregierung zusätzliche Kompetenzen, während das heute diskutierte Modell den schwachen Regionen die Freiheit nahm, über ihre Finanzen zu verfügen. Eine Rückkehr zum asymmetrischen Modell des Föderalismus erscheint fast unumgänglich.

Änderungen hinsichtlich der Methoden des regionalen Finanzausgleichs sind gegenwärtig eines der am meist diskutierten Themen in Russland. Viele glauben, dass die finanzielle Unterstützung der extrem schwachen Regionen unter strikter finanzieller Kontrolle durch die Zentralregierung erfolgen sollte und dass die Unterstützung hauptsächlich durch die Finanzierung von Investitionen gewährt werden sollte, die nicht nur für eine sondern für mehrere Regionen von Nutzen sind. Eine solche Regionalpolitik benötigt genau genommen keine föderale Struktur und begrenzt den Spielraum für den fiskalischen Föderalismus.

Es ist schwierig, den politischen und den fiskalischen Föderalismus miteinander zu versöhnen. Einige Experten meinen, dass Russlands gegenwärtige Rückkehr zu einem Einheitssystem nicht von Dauer sein wird – dass der fiskalische Födcralismus den Weg für eine Weiterentwicklung des politischen Föderalismus bereiten wird. Sie weisen auf die größere Finanzautonomie der Regionen aufgrund der Einnahmequellen (wie gering diese auch immer sein mögen), die ihnen 2004 zugewiesen wurden; auf die formelbasierte Verteilung von Ausgleichszahlungen; und auf die Fonds der Zentralregierung, die eingerichtet wurden, um den Regionen zielgerichtete Zuschüsse zu gewähren. Andere sind der Ansicht, dass fiskalischer Föderalismus und lokale Selbstverwaltung nicht ohne echte Einnahmenautonomie möglich sind und dass fiskalischer Föderalismus und eine vertikale Verteilung der Exekutivgewalt nicht miteinander existieren können. In anderen Worten: Die hochgradig zentralisierte Regierung in Moskau sticht die Regionen in ihren Fähigkeiten, selbst wirkliche Macht auszuüben, aus. In einem Punkt würden viele zustimmen: Beim Versuch, den fiskalischen Föderalismus zu verbessern, darf das Land nicht darauf warten, dass eine ideale Form des Föderalismus gefunden wird.

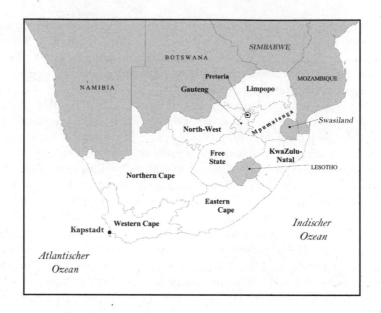

Südafrika:
Fiskalischer Föderalismus im Übergang

RENOSI MOKATE

Südafrika ist einer der jüngsten Zugänge in der Gruppe der Nationen, die ein System zwischenstaatlicher Finanzbeziehungen (IGFR) unterhalten. Das System wurde 1994 mit dem Beginn der Demokratie eingeführt und ist in der Verfassung niedergelegt. Südafrikas IGFR-System ist das Ergebnis einer politischen Übereinkunft, die in einem Prozess ausgehandelt wurde, an dem viele Parteien teilnahmen. Die Vorgaben der Verfassung zielen darauf ab, Südafrikas regionale, wirtschaftliche und ethnische Unterschiede anzuerkennen und diese Unterschiede angemessen auszudrücken, ohne das Erreichen nationaler Einheit und die Schaffung einer gerechten Gesellschaft zu untergraben.

Mit einer Bevölkerung von 44,8 Millionen Menschen betrug Südafrikas Bruttoinlandsprodukt 2004 insgesamt 212,8 Milliarden US-$, das Pro-Kopf-Nationaleinkommen belief sich auf 3.630 US-$. Südafrika hat ein stabiles makroökonomisches Umfeld mit moderaten Wachstumsraten, niedrigen Inflationsraten und niedrigen Zinssätzen.

Südafrikas System zwischenstaatlicher Beziehungen kann als ein nicht föderales, aber dezentralisiertes System beschrieben werden, in dem drei Regierungsebenen existieren – Nation, Provinzen und Gemeinden.

Unter praktischen Gesichtspunkten ist die Beziehung zwischen der nationalen Ebene und den Provinzen dadurch geprägt, dass die nationale Ebene die Politik bestimmt – und die Normen und Standards für zentrale Aufgaben – und die Provinzen als ausführende Organe fungieren. Die Ausgabenverantwortlichkeiten der Provinzebene werden durch die Zentralregierung mit Hilfe eines Modells des Einnahmenverbundes finanziert. Die Zentralregierung weist den Provinzen einen Teil der auf nationaler Ebene erzielten Einnahmen mit Hilfe des formelbasierten Provinz-Ausgleichs-Anteils (PES) sowie zweckgebundene und spezielle Zuweisungen zu.

Anders als die National- und die Provinzebene haben die Gemeinden, insbesondere die großen Metropolen, ausreichende Möglichkeiten der Einnahmenerzielung zur Deckung ihrer Ausgaben. Zusätzliche Mittel werden im Rahmen des formelbasierten Ausgleichsanteils für die Gemeinderegierungen (LES) zur Verfügung gestellt. Allerdings gibt es große Unterschiede zwischen der Höhe der Einnahmen von Metropolen und kleineren Gemeinden. Im Allgemeinen haben Stadtgemeinden eine ergiebige Einnahmenbasis und sind infolgedessen nur in sehr geringem Maße von Zuschüssen der Nationalebene abhängig. Dies steht im scharfen Widerspruch zu ländlichen Gebieten und kleineren Gemeinden, die eine sehr geringe Finanzkraft aufweisen und deshalb besonders stark auf Zuschüsse der Nationalregierung angewiesen sind.

Alle Regierungsebenen haben das Recht, ihre eigenen Einnahmen zu erzielen. Die Provinzen erheben jedoch keine Steuern mit großer Bemessungsgrundlage wie die körperschaftliche Einkommens- und Gewinnsteuer, die persönliche Einkommenssteuer, die Verbrauchssteuer und die Gewerbesteuer. Die meisten der Steuerarten, die den Provinzen zur Verfügung stehen, haben eine kleine Bemessungsgrundlage und umfassen Gebühren für Autolizenzen, Glücksspiel, Alkohol, Tourismus sowie Krankenhausgebühren. Die Gemeinden können über Grundsteuern und Gebühren für Müllabfuhr und Wasserversorgung verfügen. Die Eintreibung der Benutzerentgelte bleibt für beide Regierungsebenen aus einer Reihe von Gründen eine echte Herausforderung. Die wichtigsten Gründe sind:

- das Fehlen eines wirksamen Systems für die Rechnungserstellung, das Inkasso und die Kreditüberwachung, besonders auf der lokalen Ebene,
- Erschwinglichkeit
- und die Tradition, durch das Nichtbezahlen einer Rechnung die Unzufriedenheit mit der Qualität einer Leistung zum Ausdruck zu bringen. Die Verfassung gewährt den Provinzen das Recht, im Rahmen der nationalen Gesetzgebung und der nationalen Ziele der Wirtschaftspolitik einen Zuschlag zur persönlichen Einkommenssteuer und zur Benzinsteuer zu erheben.

Charakteristisch für Südafrikas innerstaatliche Finanzbeziehungen sind damit eine relativ starke Zentralisierung auf der Einnahmenseite und stark dezentralisierte Ausgabenzuständigkeiten. Obwohl die Ausgaben für Sozialleistungen etwa 89 Prozent der Ausgaben der Provinzen ausmachen, erwirtschaften diese Leistungen nur sehr geringe Einnahmen. Weil die Provinzen nicht in der Lage sind, aus den ihnen übertragenen Steuern angemessene Einnahmen zu erzielen, verlassen sie sich zur Erfüllung ihres Verfassungsauftrags weitgehend auf zwischenstaatliche Transfers und Zuschüsse, die 95 Prozent der auf der Provinzebene verwendeten Einnahmen ausmachen.

> Charakteristisch für Südafrikas inner-staatliche Finanz-beziehungen sind damit eine relativ starke Zentrali-sierung auf der Einnahmenseite und stark dezentra-lisierte Ausgaben-zuständigkeiten.

Dessen ungeachtet hat die Regierung verschiedene Strategien angewendet, um sich diesen Herausforderungen zu stellen. Dazu gehören Erweiterungen der Leistungsfähigkeiten, die Einführung einer effektiveren Finanzverwaltung und von effektiveren Kontrollsystemen, verbesserte Budgetierungssysteme, mehr und wirksamere Rechnungsprüfungen, um Defizite beim Inkasso zu beseitigen, und eine verbesserte Leistungserbringung. Um Erschwinglichkeitsprobleme zu lösen, hat die Nationalregierung darüber hinaus gebührenfreie Grundleistungen für Wasser, Elektrizität und Abwasserbeseitigung eingeführt. Diese Strategie umfasst die Bereitstellung einer Minimalleistung für alle Bürger und einen abgestuften Preismechanismus für alle Leistungen, die über dieses Minimum hinausgehen. Auf der Provinzebene wird für Krankenhausleistungen auf der Basis einer Bedürftigkeitsprüfung eine Mindestgebühr erhoben. Um die Steuereinziehung zu verbessern, wurden wirksamere und zuverlässigere Mechanismen der Vermögensprüfung eingeführt.

Die Verfassung verlangt, dass die Finanzmittel, die auf nationaler Ebene erzielt werden, auf gerechte Art und Weise auf die drei Regierungsebenen aufgeteilt werden. Diese vertikale Aufteilung unter den neun Provinzen und 284 Gemeinden mit Hilfe von freien und an Bedingungen geknüpften Zuschüssen erfolgt zusätzlich zu der horizontalen Aufteilung der Einnahmen. Die vertikale Aufteilung der Einnahmen unter den drei Regierungsebenen ist eine politische Entscheidung der Nationalregierung spiegelt die jeweiligen Prioritätsfunktionen der Regierungsebenen wider. Die horizontale Aufteilung der Einnahmen ist formelbasiert und berücksichtigt spezifische demografische und ökonomische Faktoren. Die fiskalischen Unterschiede sind sehr groß – und entsprechen den Unterschieden in den Kosten und in der Fähigkeit, öffentliche Leistungen zu erbringen.

Wenn Anzeichen dafür vorliegen, dass Aufgaben nicht erfüllt werden, ermöglicht es die Verfassung der National- und der Provinzebene, vorübergehend in die Angelegenheiten und die Verwaltung einer Provinz beziehungsweise einer Gemeinde einzugreifen. Der Ansatz, der von den oberen Ebenen in diesem Fall gewählt wird, besteht darin, frühzeitig Maßnahmen zu ergreifen, um eine direkte Übernahme der Verwaltung zu vermeiden. Dieses Vorgehen ermöglicht es, bessere Lösungen zu entwickeln, sich auf die Verbesserung der Rahmenbedingungen zu konzentrieren anstatt die betroffene Regierungsebene zu bestrafen und die knappen menschlichen und finanziellen Mittel zur Lösung des Problems wirkungsvoller einzusetzen. Es besteht dabei die Absicht, in einer Art und Weise zu intervenieren, die die Leistungserbringung unmittelbar verbessert und die Fähigkeit der Provinzen bzw. Gemeinden erhöht, künftig bessere Leistungen zu erbringen.

Südafrika ist eine junge Demokratie und sein System innerstaatlicher Finanzbeziehungen befindet sich noch in einem Entwicklungsprozess. Die Eindeutigkeit, mit der Kompetenzen und Aufgaben in der Verfassung definiert sind, schützt das Land vor einer willkürlichen Änderung der Aufgabenverteilung. Dennoch ist es in den letzten zehn Jahren zu einigen Aufgabenverschiebungen gekommen, etwa bei der Übertragung der Zuständigkeiten für sozialpolitische Zuschüsse von der Provinzebene auf die nationale Ebene und bei der Verschiebung der medizinischen Grundversorgung von der lokalen Ebene hin zu den Provinzen. Es ist ein Rahmen für eine wirksame Übertragung von Aufgaben definiert worden, der sicherstellt, dass diese dem Geist der Verfassung entspricht.

Spanien:
Neuausrichtung des Finanzausgleichs
und der Finanzbeziehungen

JOAQUIM SOLÉ VILANOVA

Die demokratische Verfassung von 1978 initiierte einen Prozess politischer und finanzpolitischer Dezentralisierung in Spanien, der – im Gegensatz zu den beiden vor 1978 existierenden Ebenen Zentralregierung und Gemeinden – zur Bildung von drei Regierungsebenen führte. Mit der neuen Verfassung und unter dem Druck der führenden Regionen wie dem Baskenland und Katalonien wurden zwischen 1979 und 1983 insgesamt 17 „Autonome Gemeinschaften" oder Bundesstaaten mit Gesetzgebungs- und Verwaltungshoheit geschaffen. Dieser 1978 mit der Verfassung begonnene schrittweise Prozess der Dezentralisierung ist in den Bereichen Ausgaben und Steuererhebung erfolgreich gewesen. Andere Aspekte erscheinen jedoch unvollendet, besonders in den Bereichen Haushaltsdisziplin, Finanzausgleich und Finanzbeziehungen.

Im Jahr 2003 betrug der Anteil der Ausgaben der Autonomen Gemeinschaften ungefähr 35 Prozent der gesamten Staatsausgaben einschließlich der Sozialversicherung. Dies bedeutete einen starken Anstieg im Vergleich zu 1978, als die Schaffung der Bundesstaaten noch bevorstand. Einige

Bundesstaaten, beispielsweise Katalonien und das Baskenland, erbrachten schon ab 1982 Leistungen in den Bereichen Bildungs-, Gesundheits- und Polizeiwesen. Ab dem Jahr 2002 wurden diese Leistungen (mit Ausnahme der persönlichen Sozialfürsorge, des Straßenunterhalts und anderer weniger kostenintensiver Leistungen) generell von allen Autonomen Gemeinschaften erbracht.

Heute nehmen die Bürger die Autonomen Gemeinschaften als die Erbringer von Leistungen wahr, aber sie sehen die Autonomen Gemeinschaften nicht als Steuereinnehmer an. Die Folge davon ist, dass die Parlamente der Bundesstaaten ihre Steuerkompetenzen – mit der Ausnahme der Einführung von Steuergutschriften und niedrigerer Steuersätze – nicht voll ausschöpfen. Diese Zurückhaltung in der Machtausübung deutet auf einen Mangel an finanzpolitischer Reife und politischen Verantwortungsbewusstsein auf Seiten der Regierungen der Bundesstaaten und der Wähler hin. Es bedarf dringend eines Anstoßes, um die finanzpolitische Verantwortung zu stärken und dem Druck der Bürger zu widerstehen, die mehr Leistungen fordern und dadurch einen ausgeglichenen Haushalt erreichen.

Auf der Ebene der Bundesstaaten existieren zwei Finanzsysteme: das „Allgemeine", das für 15 Autonome Gemeinschaften gilt, und das „Spezielle", das im Baskenland und in Navarra – die beide seit Jahrhunderten einen Sonderstatus genießen – Anwendung findet. Das Baskenland und Navarra besitzen zum Beispiel umfassendere Kompetenzen hinsichtlich übertragener Steuern – besonders im Hinblick auf die Körperschaftssteuer. Diese finanzpolitische Asymmetrie hat zu einer merkwürdigen Situation geführt: Im Fall dass bestimmte Gebiete im Wettbewerb stehen, um Unternehmen anzulocken, können Regierungen mit einem Sonderstatus attraktive Steuergutschriften oder eine Senkung der Steuersätze der Unternehmens- und der persönlichen Einkommenssteuer einführen, was zur Folge hat, dass die benachbarten Autonomen Gemeinschaften wegen ihrer unzureichenden Autonomie bei der Steuergestaltung nicht in der Lage sind, diesem Wettbewerb standzuhalten. Dies führt dazu, dass Unternehmen sich in Bundesstaaten mit einem Sonderstatus niederlassen.

Das Allgemeine Finanzsystem wird durch das 1980 verabschiedete „Grundlegende Finanzgesetz der Autonomen Gemeinschaften" (*LOFCA*)

Diese Zurückhaltung in der Machtausübung deutet auf einen Mangel an finanzpolitischer Reife und politischen Verantwortungsbewusstsein auf Seiten der Regierungen der Bundesstaaten und der Wähler hin. Es bedarf dringend eines Anstoßes, um die finanzpolitische Verantwortung zu stärken und dem Druck der Bürger zu widerstehen, die mehr Leistungen fordern und dadurch einen ausgeglichenen Haushalt erreichen.

reguliert. Durch dieses Gesetz sind den Autonomen Gemeinschaften einige Steuerquellen übertragen worden. Zudem gibt es ein System der Steuer- und Einnahmenteilung sowie Ausgleichszuschüsse. Seit 1997 erheben alle Autonomen Gemeinschaften ihre eigene, auf der entsprechenden Bemessungsgrundlage der Zentralregierung basierende, persönliche Einkommenssteuer und teilen sich die Mehrwertsteuer sowie die Verbrauchssteuern, wobei als Verteilungsschlüssel für diese Einnahmen der entsprechende Konsum der Bundesstaaten fungiert. Darüber hinaus stehen den Autonomen Gemeinschaften die „übertragenen Steuern" (z.B. Vermögenssteuer, Grunderwerbssteuer, Erbschaftssteuer, Stempelsteuer, Glücksspielsteuer etc.) zur Verfügung mit dem Recht, Steuersätze, Steuergutschriften und sogar die Steuerbemessungsgrundlage zu variieren. Zudem haben sie das Recht, Zuschläge auf die übertragenen Steuern zu erheben und neue Steuern auf Tatbestände zu erheben, die von der Zentralregierung nicht besteuert werden.

Einige Autonome Gemeinschaften stehen seit kurzem in einem Steuerwettbewerb und unterbieten einander bei den Erbschaftssteuersätzen. Dieses gefährliche Rennen kann in der Abschaffung der Steuer und dem Verlust der Steuerbemessungsgrundlage auf der Ebene der Bundesstaaten münden, wie dies in Kanada und Australien in den 70er Jahren geschehen ist. Eine zentrale Erbschaftssteuer mit Mindeststeuersätzen, bei der die Erbschaftssteuern der Bundesstaaten in Form von Steuergutschriften abzugsfähig wären, könnte als Sicherheitsnetz dienen und den gegenwärtig stattfindenden Steuerwettbewerb beenden. Keine Regierung eines Bundesstaates hat es allerdings gewagt, diese Idee zu unterstützen.

Das gemeinsame Finanzsystem der 15 Autonomen Gemeinschaften beinhaltet einen expliziten Ausgleichsmechanismus. Dieser besteht aus einem Ausgleichszuschuss, der die Steuerkraft und den Finanzbedarf in Einklang bringt. Die Ausgleichsformel hat sich zwar im Laufe verschiedener Reformen entwickelt, das explizite Kriterium der horizontalen Gerechtigkeit zwischen den einzelnen Hoheitsgebieten ist jedoch nie präzise definiert worden. Zudem sind die Zielgrößen „Bedarf" und „Leistungsausgleich" vom Zentralparlament nie spezifiziert worden. Zwar beinhaltet das gegenwärtige Finanzsystem der Bundesstaaten ein hohes Maß an Ausgleich zwischen den 15 Autonomen Gemeinschaften des Allgemeinen Finanzsystems, aber die Ausgleichsformel ist eindeutig zugunsten der ärmeren Regierungen verzerrt.

In jedem föderalen Staat variieren die Pro-Kopf-Steuereinnahmen – einschließlich der Einnahmen aus der Steuerteilung – zwischen den einzelnen Bundesstaaten, weil die Steuerbemessungsgrundlagen und die Steuerkraft erhebliche Unterschiede aufweisen. Die Rolle der Ausgleichzuschüsse besteht darin, diese fiskalischen Unterschiede abzubauen, und nicht notwendigerweise darin, sie gänzlich zu beseitigen, und mit Sicherheit niemals darin, neue Abweichungen in der anderen Richtung zu schaffen. Die Formel, mit der die frei verfügbaren Ausgleichszuweisungen berechnet werden, die so genannte *Fondo de Suficiencia,* ist so gestaltet, dass die endgültigen Pro-Kopf-Einnahmen der ärmeren Autonomen Gemeinschaften oftmals über denen der reicheren Autonomen Gemeinschaften liegen. Die Ausgleichszuschüsse verringern also nicht nur die Unterschiede in den Pro-Kopf-Steuereinnahmen der Autonomen Gemeinschaften, sondern sie drehen die Reihenfolge der Autonomen Gemeinschaften nach den Pro-Kopf-Steuereinnahmen in der Ausgangslage genau um. Außerhalb des allgemeinen Systems werden noch weitere Zuschüsse gewährt: Investitionszuschüsse für Entwicklungszwecke von der Zentralregierung und der Europäischen Union, von denen nur die 10 ärmsten Bundesstaaten profitieren.

Einige Vorschriften wurden in den 90er Jahren reformiert, und es gibt eine neue Welle von Reformen, die von Katalonien, einem relativ wohlhabenden Bundesstaat, vorangetrieben werden. In seinem Vorschlag zu asymmetrischen finanzpolitischen Befugnissen legte es eine bilaterale Beziehung zur Zentralregierung und ein neues Ausgleichskriterium fest. Zugewinne für Katalonien können sehr wohl zu einem Domino-Effekt führen und dann von anderen Autonomen Gemeinschaften übernommen werden. Zusätzliche asymmetrische Finanzkompetenzen werden wahrscheinlich von der Zentralregierung nicht akzeptiert. Es wird jedoch erwartet, dass in Kürze ein neues Kriterium für die Ausgleichszuschüsse eingeführt wird. Jedes Ausgleichsziel muss mit einem Mindestmaß an Effizienz kompatibel sein und den Regierungen Anreize geben, ihre Steuerbasis durch Wirtschaftswachstum zu vergrößern. Diese Finanzreform, wann immer sie auch stattfindet, wird sie zu einem stärker föderalen und weniger einheitlichen Finanzsystem führen.

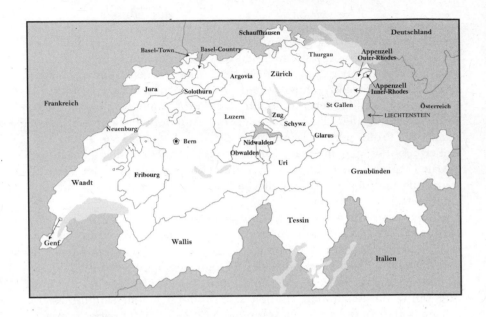

Nachhaltige Staatsfinanzen mit subföderaler fiskalischer Autonomie: Das Beispiel Schweiz

GEBHARD KIRCHGÄSSNER /
PRABHU GUPTARA

Das Schweizer System zeigt, dass es in föderalen Staaten mit den richtigen Rahmenbedingungen und Institutionen möglich ist, nachhaltige öffentliche Finanzen und gleichzeitig ein sehr hohes Maß an finanzpolitischer Autonomie der unteren Regierungsebenen zu haben. Einige der Gründe dafür sind neben den Instrumenten, die die Kantone zu mehr finanzpolitischer Verantwortung ermutigen sollen, eine 2008 wirksam werdende Reform des Systems des Finanzausgleichs.

Die Kantone der Schweiz haben mit Ausnahme einiger Bundesstaaten in den USA die weit reichendsten Steuerkompetenzen im Vergleich zu allen subnationalen Gebietskörperschaften der föderalen Staaten. Die Einkommenssteuer der Schweiz ist weitgehend eine Steuer der Kantone, und jeder Kanton verfügt über seine eigenen Steuerkategorien, einige davon progressiver als andere. Dies gilt nicht nur für große Kantone wie Zürich mit mehr als 1,2 Millionen Einwohnern, sondern auch für den kleinsten Kantone wie beispielsweise Appenzell Innerrhoden, das weniger als 15.000 Einwohnern hat. Darüber hinaus hat die Schweiz ein System direkter Demokratie auf allen Regierungsebenen. Das hat zur Folge, dass ein Schweizer anhand einer Petition mit genügend Unterschriften entweder den Wählern einen Gesetzesvorschlag vorlegen kann oder ein Referendum zur Bestätigung oder Ablehnung eines neuen Gesetzes der Regierung beantragen kann. Die Rechte der direkten Demokratie unterscheiden sich von Kanton zu Kanton, sind aber in jedem Fall umfassender als in nahezu allen anderen Ländern.

Die geringe Größe des Landes führt zu einem intensiven Steuerwettbewerb zwischen den Kantonen, der massive Unterschiede in der Steuerbelastung hervorruft. Im Jahr 2003 hatte eine Familie mit zwei Kindern in Delémont, der Hauptstadt des Kantons Jura, bei einem steuerpflichtigen Einkommen von 150.000 Schweizer Franken 23.847 Franken an Kantons- und lokalen Steuern zuzüglich der 3.466 Franken an Einkommenssteuer des Bundes zu zahlen. Dieselbe Familie hätte im Kanton Zug lediglich 10.094 Franken bezahlen müssen. So überrascht es nicht, dass die Reichen eher in Kantonen mit niedrigen Steuern leben. Dies ist möglich, da die geringen Entfernungen in der Schweiz es zumindest einigen Menschen erlauben, in einem Kanton mit niedrigen Steuern zu leben und in einem anderen Kanton ihr Einkommen zu verdienen.

Ein großer Teil der Einkommensumverteilung wird durch die progressiven Einkommenssteuern der Kantone erreicht. Dies widerspricht der Lehrbuchmeinung, nach der Umverteilung selten auf den unteren föderalen Ebenen stattfinden kann, weil Steuerwettbewerb zwischen diesen Einheiten zu einer Abwärtsspirale führen könnte. Vier institutionelle Faktoren machen dies in der Schweiz dennoch möglich: die geringe, aber hochgradig progressive Einkommenssteuer des Bundes, die erste Säule des Systems der Altersversorgung, die auf Bundesebene starke Umverteilungswirkungen zeigt, eine Quellensteuer von 35 Prozent auf Dividenden- und Zinseinkünfte sowie die Existenz eines Systems des Finanzausgleichs. Damit können in Niedrigsteuerkantonen Wohnhafte mit hohem Einkommen es nicht vollständig vermeiden, einen Beitrag zur Finanzierung des Landes zu leisten.

Das Schweizer System des Finanzausgleichs ist notwendig, um das Land zusammenzuhalten und zur gleichen Zeit einen Steuerwettbewerb zu ermöglichen. Ein solches System kann jedoch auch perverse Anreize setzen, die einige Kantone motivieren, zusätzliche Zuschüsse von der Bundesregierung und von anderen Kantonen anzustreben, anstatt Steuerzahler anzulocken. Das traditionelle Ausgleichssystem – das bis zum heutigen Tage in Kraft ist – hatte solche Effekte. Deshalb stimmten die Wähler im letzten Jahr für eine Reform dieses Systems, die 2008 in Kraft treten und solche Effekte weitgehend vermeiden wird. Im neuen System werden Zuschüsse nicht nur zur Finanzierung der Sonderlasten von urbanen Gebieten und Gebirgsregionen gewährt, sondern auch zur

Subventionierung ärmerer Kantone. Es wird geschätzt, dass die Pro-Kopf-Einnahmen der ärmeren Kantone nach dem Inkrafttreten der Reform nicht weniger als 85 Prozent des nationalen Durchschnitts betragen werden. Dies lässt noch immer einen großen Spielraum für den Steuerwettbewerb zwischen den Kantonen. Das Geld für diese Zuschüsse wird zum Teil von der Bundesregierung, zum Teil von den reicheren Kantonen kommen. Im gegenwärtigen Finanzsystem rühren die großen Unterschiede in den finanziellen Belastungen wie üblich von Asymmetrien her: Kleine Kantone in guter Lage können größere Kantone ausnützen.

Die Schweiz hat ein weiteres Problem, das typisch ist für föderale Systeme: Wie können insbesondere ärmere Kantone daran gehindert werden, eine unverantwortliche Finanzpolitik mit steigenden Defiziten einzuführen, wenn sie mit Rettungsaktionen der Bundesregierung rechnen können? In der Praxis verhalten sich die Kantone anders. Im Jahr 2003 betrug die durchschnittliche Pro-Kopf-Verschuldung auf Kantonsebene 10.522 Schweizer Franken. Sechs der 26 Kantone hatten weniger als 4.000 Franken Pro-Kopf-Verschuldung, während die Pro-Kopf-Verschuldung im Kanton Genf 46.512 Schweizer Franken betrug.

> Die Schweiz hat ein weiteres Problem, das typisch ist für föderale Systeme: Wie können insbesondere ärmere Kantone daran gehindert werden, eine unverantwortliche Finanzpolitik mit steigenden Defiziten einzuführen, wenn sie mit Rettungsaktionen der Bundesregierung rechnen können?

Angesichts der finanzpolitischen Autonomie der Kantone und, wo notwendig, mithilfe der Zuschüsse aus dem Ausgleichssystem sollte theoretisch jeder Kanton in der Lage sein, seine Finanzen in verantwortungsvoller Art und Weise zu verwalten. Zusätzlich stehen zwei Instrumente zur Verfügung, die den Kantonen bei einer nachhaltigen Finanzpolitik helfen. Erstens erlaubt das finanzpolitische Referendum den Bürgern jede von der Regierung bzw. dem Parlament geplante Ausgabe genauestens zu überprüfen, zu debattieren und auch abzulehnen. Ein zweites Instrument ist die „Schuldenbremse", die von einigen Kantonen genutzt wird. Sie zwingt den Kanton nicht nur dazu, seinen aktuellen Haushalt – einschließlich der Abschreibungen auf Investitionsprojekte – auszugleichen, sondern auch dazu, einen Teil der in Boomzeiten entstehenden Überschüsse zu sparen. Ein – etwa in einer Rezession entstehendes – Defizit kann zunächst durch diesen Überschuss finanziert werden, bevor Steuern erhöht werden müssen. Dies ermöglicht es dem Kanton, eine zum Teil antizyklische Finanzpolitik zu verfolgen und gleichzeitig den langfristigen Haushaltsausgleich sicherzustellen.

Im Kanton St. Gallen, in dem eine solche Regel seit mehr als 70 Jahren angewendet wird, hat sie sich als sehr effektiv erwiesen, und die

Verschuldung des Kantons ist folglich relativ niedrig. Freiburg hat seit den 60er Jahren eine ähnliche Regel und ebenfalls gesunde Kantonsfinanzen. In den letzten 10 Jahren haben die Kantone Solothurn, Appenzell Ausserrhoden, Graubünden, Luzern, Bern und Wallis ebenfalls ähnliche Regeln eingeführt. Solange diese Regeln eingehalten werden, besteht die Gefahr einer Verschuldungskrise nicht, und folglich gibt es auch keine Notwendigkeit für Rettungsmaßnahmen oder für Interventionen der Bundesregierung. Kurz gesagt: Das Fiskalsystem der Schweiz funktioniert besonders gut in jenen Kantonen, die diese finanzpolitisch verantwortungsvollen Institutionen eingeführt haben.

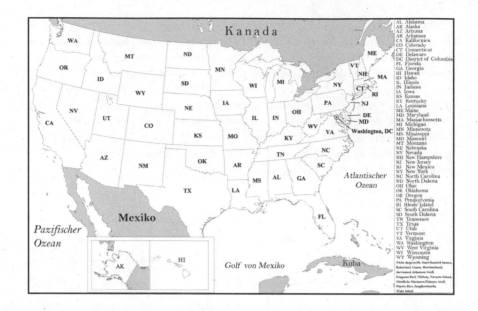

Der sich verändernden zustand des Fiskalföderalismus in den USA

MERL HACKBART

In der Praxis ist das föderale System der USA ein Balanceakt zwischen den drei relativ unabhängigen Regierungsebenen: Bund, Bundesstaaten und Gemeinden. Die drei Ebenen sind für die Erbringung öffentlicher Leistungen verantwortlich und haben das Recht, Steuern zu erheben und Kredite aufzunehmen. Nur zwei dieser Ebenen finden jedoch in der Verfassung Erwähnung: die Bundesstaaten und der Bund. Die Rolle der dritten Ebene, der Gemeinden, wird weitgehend von den Bundesstaaten bestimmt. Innerhalb dieser Richtlinien wandeln sich die tatsächlichen Rollen und Zuständigkeiten der Regierungen des Bundes und der Bundesstaaten für öffentliche Programme beständig. Diese Situation führt zu periodisch auftretenden Konflikten zwischen den verschiedenen Regierungsebenen. Die Gerichte spielen bei der Lösung dieser Konflikte eine wichtige Rolle. Insgesamt hat sich dieses flexible System als stabil erwiesen und als fähig, sich an Änderungen bei den sozialen, politischen und wirtschaftlichen Bedingungen anzupassen.

Es existieren aber andere Probleme, die selbst die sorgfältig ausbalancierte Verfassung und das Gerichtssystem nicht lösen konnten: Beschränkungen der Einnahmen des Bundes und der Bundesstaaten,

steigende Programmkosten, zunehmende Nachfrage nach Leistungen
durch die Öffentlichkeit und längerfristige wirtschaftliche und demografische Trends. Solange Debatten über die Haushalte des Bundes und
der Bundesstaaten geführt werden und Entscheidungen anstehen sorgen
diese Probleme für Schlagzeilen. In der übrigen Zeit werden sie häufig
ignoriert. Und wann immer die Bundesregierung ein Problem dadurch
löste, dass sie die Verantwortung für die Finanzierung eines Programms
den Bundesstaaten zuschob, tauchte dieses Problem in den Parlamenten
der Bundesstaaten wieder auf. In den meisten Fällen haben die
Bundesstaaten befristete Finanzierungsstrategien und -maßnahmen
entwickelt, um den Fehlbetrag in gemeinsamen Programmen des Bundes
und der Bundesstaaten zu decken. Aber solche kurzfristigen Haushalts-
korrekturstrategien belasten die Haushalte der Bundesstaaten über alle
Maßen. Einzelne Staaten nehmen dann oft Anpassungen ihrer Finanzpolitik vor, um ihre Haushalte auszugleichen, wie das gesetzlich oder
durch ihre Verfassung verlangt wird.

Die Rolle der amerikanischen Bundesregierung hat häufig darin
bestanden, grobe Richtlinien und Finanzmittel bereitzustellen, während
die Regierungen der Bundesstaaten und der Gemeinden die öffentlichen
Leistungen vor Ort bereitstellten. Die Beibehaltung einer starken innerstaatlichen Partnerschaft war eine Herausforderung für die Bundesstaaten,
weil sie auf die besonderen Bedürfnisse ihres Staates einzugehen hatten,
während sie die Kosten und die Bereitstellung öffentlicher Leistungen mit
ihren Partnern in der Bundesregierung teilen mussten. Die zunehmende
Tendenz, Politikbereiche zu nationalisieren – wie etwa die beiden kürzlich
vorgelegten Bundesgesetzesinitiativen „Homeland Security" und „No Child
Left Behind" – hat die wechselseitige Abhängigkeit der Regierungsebenen
verstärkt. Die Abhängigkeit der Bundesregierung von den Bundesstaaten
bei der Umsetzung von Bundesprogrammen und bei der Erreichung
nationaler Ziele nimmt zu. Dies hat dazu geführt, dass trotz der
Nationalisierung vieler Politikbereiche und ihrer Finanzierung durch den
Bund den Regierungen der Bundesstaaten und der Gemeinden größere
Verantwortlichkeiten bei der Umsetzung der Programme und bei der
Erreichung nationaler Ziele übertragen wurden. Jede Änderung eines
gemeinsamen Programms durch eine Regierungsebene – zum Beispiel
eine Kürzung – kann einen erheblichen Einfluss haben auf die finanz-
politischen Möglichkeiten einer anderen Regierungsebene, ihre
Verantwortung für Programme und deren Finanzverwaltung gerecht zu
werden. Die amerikanische Verfassung überträgt der Bundesregierung
erhebliche finanzpolitische Befugnisse wie das Recht, Steuern zu erheben,
Kredite aufzunehmen, den zwischenstaatlichen und den internationalen
Handel zu regulieren, Schulden zu tilgen und für die allgemeine
Wohlfahrt zu sorgen. Sie begrenzt aber auch die finanzpolitische Macht
des Bundes, einschließlich einer Einschränkung der Fähigkeit der

Bundesregierung, Steuern oder Zölle auf Exportartikel der Bundesstaaten
zu erheben. Zwar hat die Macht der Bundesregierung die Fähigkeit der
Bundesstaaten, den Handel zwischen den einzelnen Bundesstaaten und
den Außenhandel zu beeinflussen, begrenzt, aber sie hat auch die Fähigkeit
der Bundesstaaten, zwischenstaatliche und internationale Transaktionen
zu besteuern, ernstlich begrenzt. Solche Einschränkungen vermindern
die Möglichkeiten der Bundesstaaten, die von ihnen in einer zunehmend
globalen Wirtschaft zu verantwortenden Programme zu finanzieren.

In der Verfassung werden den Bundesstaaten einige finanzpolitische
Kompetenzen übertragen. Besonders der zehnte Verfassungszusatz
gewährt den Bundesstaaten „Residualbefugnisse" in der Finanzpolitik und
damit den zentralen Ansatzpunkt, um mit der Bundesregierung über die
Zuständigkeit für und die Finanzierung von Programmen zu verhandeln.
Die Bundesstaaten werden jedoch auch eingeschränkt: So verlangt die
Verfassung von ihnen, dass ihre Politikmaßnahmen und Aktivitäten
ordnungsgemäßen Verfahren folgen und dass sie gleichen Rechtsschutz
in ihren Hoheitsgebieten sicherstellen. Die Gemeinden, die von den
Regierungen der Bundesstaaten eingerichtet werden, haben nur insoweit
finanzpolitische Macht, wie ihnen diese von den Bundesstaaten übertragen wird.

Die Tendenz, dass die Bundesregierung in eine immer breitere Palette
von innenpolitischen Themen involviert ist, die traditionell in den Bereich
der Regierungen der Bundesstaaten fallen, hat die Rollen und die
Zuständigkeiten der verschiedenen Regierungsebenen verwischt. Die
gemeinsame Verantwortung für solche innenpolitischen Programme hat
zu Streitigkeiten zwischen den einzelnen Regierungsebenen und zu
Spannungen hinsichtlich der Rechenschaftspflicht und der Verantwortlichkeit geführt.

Ein wichtiges Thema im fiskalischen Föderalismus der USA ist das
Fehlen eines formellen oder informellen Prozesses zur Koordinierung der
zwischenstaatlichen Finanzpolitik. Infolgedessen befinden sich die
Initiativen der Bundesregierung häufig im Widerspruch zu Politikmaßnahmen der Bundesstaaten. Diese wiederum stehen ebenfalls häufig
im Widerspruch zu Maßnahmen der Gemeinden. Die Bereiche der
Finanzpolitik, in denen eine echte Koordinierung fehlt, sind die Steuer-
und Einnahmenpolitik und die gemeinsam durchgeführten Programme
wie Gesundheitswesen, Bildung und Infrastruktur.

Die Bemühungen, das massive Defizit im Bundeshaushalt und die sich
auftürmenden Schulden des Bundes zu verringern, haben die Bundesregierung dazu bewegt, die Verantwortung für die Finanzierung von
Programmen auf die Bundesstaaten abzuwälzen. Politische Entscheidungen,
die zum Ziel haben, den Haushalt der Bundesregierung zu verwalten,
beinhalten häufig Kürzungen der Bundesunterstützung für innenpolitische
Programme. In vielen dieser Programme haben die Regierungen des

Bundes, der Bundesstaaten und der Gemeinden bei der Bereitstellung öffentlicher Leistungen zusammengearbeitet. Wenn es zu solchen Finanzkürzungen des Bundes kommt, sind die Regierungen der Bundesstaaten und der Gemeinden gezwungen, zusätzliche Aufgaben zu übernehmen. Es ist für diese beiden Regierungsebenen schwierig, Strategien und Politikansätze zu entwickeln, mit denen sie ihren laufenden finanziellen Verpflichtungen nachkommen und gleichzeitig die Verschiebung der zwischenstaatlichen Finanzverantwortung auffangen können.

Ein zweites Problem des fiskalischen Föderalismus betrifft die Schwächung der Rolle und der Macht der Bundesstaaten innerhalb des föderalen Systems der USA. Die Bundesstaaten beobachten die fortgesetzte Erosion ihrer Befugnisse, obwohl gemäß der amerikanischen Verfassung alle Befugnisse und Zuständigkeiten, die nicht spezifisch der Bundesregierung übertragen wurden, den Bundesstaaten vorbehalten sind. Die Zunahme nicht-finanzierter Aufgaben, der Vorrang der Staatsgewalt und die Delegierung von Programmen des Bundes an die Ebene der Bundesstaaten sind Beispiele für die zunehmende Vormachtstellung der Bundesregierung.

Die nicht gegenfinanzierten Aufgaben werden durch die Bundesgesetzgebung ins Leben gerufen, die verlangt, dass die Bundesstaaten von der Bundesregierung entwickelte Programme umsetzen, ohne dafür Finanzmittel des Bundes zu erhalten. Die Vorrangstellung der Bundesgesetzgebung gegenüber der Gesetzgebungskompetenz der Bundesstaaten und der Gemeinden ist ebenfalls in Erscheinung getreten und wurde mit Hilfe der Vorrangklausel der amerikanischen Verfassung verteidigt. Diese Klausel besagt, dass Bundesgesetze, die in Übereinstimmung mit der amerikanischen Verfassung erlassen wurden, die obersten Gesetze des Landes sind. Eine andere Entwicklung auf Bundesebene ist die Regionalisierung, die die Verantwortung für einzelne Programme auf die Ebene der Bundesstaaten verschiebt. Diese neueren Praktiken haben das Kräfteverhältnis zwischen den Regierungen des Bundes und der Bundesstaaten verändert.

> Die Bundesstaaten beobachten die fortgesetzte Erosion ihrer Befugnisse, obwohl gemäß der amerikanischen Verfassung alle Befugnisse und Zuständigkeiten, die nicht spezifisch der Bundesregierung übertragen wurden, den Bundesstaaten vorbehalten sind.

Vergleichende Betrachtungen

ANWAR SHAH

Der fiskalische Föderalismus befasst sich mit wirtschaftlichen Entscheidungsprozessen in föderalen Regierungssystemen, in denen die Entscheidungen des öffentlichen Sektors auf verschiedenen Regierungsebenen getroffen werden. Föderale Staaten unterscheiden sich erheblich hinsichtlich ihrer Wahl der charakteristischen Merkmale des fiskalischen Föderalismus, insbesondere wie die finanzpolitischen Kompetenzen auf die unterschiedlichen Ebenen verteilt werden und welche finanzpolitischen Vereinbarungen dazu getroffen werden. Weitere finanzpolitische Vereinbarungen, die aus diesen Entscheidungen resultieren, werden in föderalen Staaten üblicherweise in bestimmten Abständen überprüft und an die sich innerhalb und außerhalb des Landes wandelnden Rahmenbedingungen angepasst. In Kanada verlangt das Gesetz eine solche regelmäßige Überprüfung („Sunset Clause" bzw. Verfallsdatum für die Gültigkeit der Gesetze), während Änderungen in anderen föderalen Staaten (etwa in den USA und Australien) einfach das Ergebnis der Interpretationen der einzelnen Verfassungsvorschriften und Gesetze durch die Gerichte oder, wie in der Mehrzahl der Länder, durch die unterschiedlichen Regierungsebenen sind. In den vergangenen Jahren sind diese föderalen Entscheidungen durch die großen Veränderungen im Rahmen der Informationsrevolution und der Entstehung einer neuen „grenzenlosen" Weltwirtschaft unter erheblichen zusätzlichen Druck gekommen. Die folgenden Absätze arbeiten einige wichtige Herausforderungen in föderalen Ländern und die möglichen Antworten darauf heraus.

Wichtige Herausforderungen für den verfassungsmäßigen Föderalismus

1. Aufteilung der finanzpolitischen Befugnisse

Die Informationsrevolution und die Globalisierung stellen besondere Herausforderungen bei der verfassungsmäßigen Aufgabenzuordnung innerhalb von Staaten. Da die Informationsrevolution die Handlungen der Regierung transparenter macht, werden die Bürger in die Lage versetzt, umfassendere Rechenschaft von ihren Regierungen zu verlangen. Im Rahmen der Globalisierung wird offenkundig, dass Nationalstaaten zu klein sind, um die großen Probleme zu lösen, und zu groß, um die kleineren Aufgaben zu erfüllen. Globalisierung und Informationsrevolution stellen eine graduelle Verschiebung zu supranationalen und zu lokalen Regierungssystemen dar. Beim Versuch, sich an diese Situation anzupassen, wachsen in föderalen Systemen die Spannungen zwischen den verschiedenen Regierungsebenen hinsichtlich der Änderung ihrer Rollen und der Beibehaltung ihrer bisherigen Bedeutung. In den Ländern, die in dieser Broschüre besprochen werden, sind eine andauernde Quelle solcher Spannungen und zwei sich entwickelnde Tendenzen erkennbar. Die vertikalen Finanzierungslücken oder die Ungleichgewichte zwischen Einnahmen und Ausgabenerfordernissen auf den unteren Regierungsebenen sind die beständige Ursache für Spannungen.

Vertikale Finanzierungslücken und die Einnahmenhoheit der unteren Ebenen bleibt ein Problembereich in den föderalen Staaten, in denen die Zentralisierung der Steuerkompetenzen größer als notwendig ist, um die Ausgaben des Bundes zu decken. Dies führt zu einem übermäßigen Einfluss auf die Politik der unteren Ebenen, um mithilfe von Finanztransfers nationale Ziele zu erreichen. Dies ist ein Problem auf der Ebene der Bundesstaaten in Australien, Deutschland, Indien, Malaysia, Nigeria, Russland, Spanien und Südafrika. In Nigeria gibt es das Sonderproblem der zentralen Zuteilung der Ressourceneinnahmen. In Deutschland haben diese Probleme eine umfassendere Überprüfung der Zuordnungsproblematik und ein Überdenken der Aufgabenteilung zwischen den Regierungen von Bund, Ländern und Gemeinden angestoßen. Ein Konsens über die zukünftige Form des fiskalischen Föderalismus in Deutschland muss aber erst noch gefunden werden.

Die beiden sich entwickelnden Trends bei der Verschiebung der Machtbalance innerhalb der Länder sind: (a) eine fortschreitende Erosion der Rolle der Bundesstaaten und Provinzen, der zweiten (mittleren) Ebene; und (b) eine erweiterte aber neu definierte Rolle der Gemeinden in einem System mehrerer Ebenen.

(a) Abnehmende Bedeutung der mittleren Regierungsebene oder die Entwicklung hin zu einem Sanduhr-Modell des Föderalismus

Die Bundesregierungen in Brasilien, Kanada, Indien, Deutschland, Malaysia und Russland haben ihre Rolle in Bereichen gemeinsamer Bundes- und Länderkompetenzen ausgebaut. In Brasilien beschränken Anwartschaften und zweckgebundene Einnahmen die Haushaltsflexibilität auf der Ebene der Bundesstaaten. In Südafrika hat die Nationalregierung die Finanzierung der Sozialversicherung übernommen. In den USA übernimmt die Bundesregierung eine immer wichtigere Rolle in den Politikbereichen mit gemeinsamer Gesetzgebungskompetenz, während sie gleichzeitig die Verantwortung für die Implementierung von Programmen an die Regierungen der Bundesstaaten und der Gemeinden überträgt. Dies erfolgt häufig durch nicht-finanzierte Aufgaben oder mit unzureichenden Finanzmitteln. Sowohl in Kanada als auch in den USA finanzieren die Bundesregierungen ihre Schulden zum Teil durch eine Verringerung der Finanztransfers an die Provinzen bzw. Bundesstaaten.

Eine weitere Dimension des sich entwickelnden Konfliktes zwischen der nationalen Ebene und den einzelnen Bundesstaaten besteht darin, dass in föderalen Staaten mit dualem Föderalismus wie Australien, Kanada und USA, wo lokale Regierungen nur die Erfüllungsgehilfen der Bundesstaaten sind, von den Bundesregierungen versucht wird, direkte Beziehungen mit den Gemeinden aufzubauen und damit die Bundesstaaten zu umgehen. Dies gibt Anlass zur Sorge in Brasilien, Kanada und in den USA, wo die Regierungen der Bundesstaaten im Leben der Menschen zunehmend an Bedeutung eingebüßt haben, obwohl die Rolle, die die Verfassungen ihnen zuweist, noch immer stark ist. Dies verkompliziert die vertikale Koordinierung und hat zudem einen Einfluss auf die Fähigkeit der einzelnen Bundesstaaten, mit dem Problem finanzpolitischer Ungleichheit in ihrem Hoheitsgebiet fertig zu werden. In Indien sichert sich die Zentralregierung durch die Beförderung von Beamten des Bundes auf Schlüsselpositionen der Exekutive der Bundesstaaten eine wichtige Rolle in deren Angelegenheiten. Mit Ausnahme der Schweiz, wo die Kantone verfassungsrechtlich eine stärkere Rolle spielen und auch bei der Einwohnerschaft stärkere Unterstützung finden, befindet sich die Rolle der mittleren Regierungsebene in föderalen Systemen im Niedergang.

(b) Eine neue Zukunft für die Gemeinden, aber einiger Widerstand der Regierungen der Bundesstaaten

Auf der anderen Seite fördern Globalisierung und Informationsrevolution die lokale Orientierung und erweitern die Rolle der Gemeinden bei der Ausübung ihrer Befugnisse in Netzwerken der lokalen Ebene. Dies verlangt von den Gemeinden, dass sie als Einkäufer lokaler Dienstleistungen und in Bereichen gemeinsamer Kompetenzen zusätzlich zu den Regierungsanbietern, Informationsregulatoren und Kontrolleuren der Regierungen des Bundes und der Bundesstaaten als Förderer von staatlichen Netzwerken aufzutreten haben. Dennoch sehen sich die Gemeinden im Bereich der Sozialpolitik einigem Widerstand der Regierungen ihrer Bundesstaaten gegenüber. In Brasilien, Indien und Nigeria haben die Gemeinden Verfassungsrang und deshalb mehr Möglichkeiten, ihre Rolle zu verteidigen. In der Schweiz stellen die Vorgaben der direkten Demokratie die wichtige Rolle der Gemeinden sicher. Sowohl in Brasilien als auch in der Schweiz spielen die Gemeinden eine ausgedehnte und autonome Rolle in der lokalen Politik. In anderen

föderalen Staaten hängt die Fähigkeit der Gemeinden, sich selbst zu
verteidigen, vom Umfang der durch die Informationsrevolution gene-
rierten Unterstützung ihrer Bürger ab. Russland ist ein herausragendes
Beispiel dafür, dass eine solche Verteidigung nicht aufgebaut werden
konnte. In Kanada haben einige Provinzen die Finanzierung von Schulen
zentralisiert. In Südafrika ist die medizinische Grundversorgung der
Ebene der Provinzregierungen zugeordnet worden.

2. Überbrückung der finanzpolitischen Unterschiede innerhalb der Staaten

Die finanzpolitischen Unterschiede innerhalb der Staaten machen ein
wichtiges Element ihrer ökonomischen Unterschiede aus. Dies beruht
darauf, dass angemessen vergleichbare öffentliche Leistungsniveaus
bei angemessen vergleichbaren Steuerbelastungen die Mobilität von
Menschen, Kapital und handelbaren Gütern fördern und helfen, eine
Wirtschaftsunion zu erhalten.

Mit der wichtigen Ausnahme der USA versuchen die meisten reifen
Föderalstaaten, das Problem fiskalischer Ungleichheit zwischen den
Regionen durch Programme des Finanzausgleichs zu lösen. In den USA
gibt es dafür kein Bundesprogramm, doch die Finanzierung des
Bildungswesens in den Bundesstaaten wendet Ausgleichsprinzipien an. In
Kanada ist ein solches Programm in der Verfassung verankert; es wird
von der kanadischen Wissenschaft und Politik häufig als der Klebstoff
bezeichnet, der Kanada zusammenhält. Mit der Ausnahme Deutschlands
und der Schweiz werden die meisten Ausgleichsprogramme durch die
Bundesebene finanziert. In Deutschland leisten die reichen Bundesländer
progressiv gestaffelte Beiträge zum Finanzausgleich, aus dem die ärmeren
Bundesländer Zahlungen erhalten. In der Schweiz sieht das 2008 in Kraft
tretende neue Ausgleichsprogramm einen gemeinsamen Pool von
Beiträgen der Bundesregierung und der reicheren Kantone vor.

Es gibt in den föderalen Staaten eine große Vielfalt institutioneller
Vorkehrungen, um solche Programme zu entwickeln, zu gestalten und
zu verwalten. Brasilien, Indien, Nigeria, Spanien und Südafrika berücksichtigen eine Vielzahl von Indikatoren für die Finanzkraft und den
Finanzbedarf, um den Bundesstaaten im Rahmen von Finanzausgleichs-
programmen angemessen Anteile zukommen zu lassen. Malaysia verwendet
Pro-Kopf-Zuschüsse, Russland ein hybrides Programm des Finanzausgleichs.
Die Finanzausgleichsprogramme in Kanada und Deutschland gleichen die
Finanzkraft einem spezifizierten Standard an. Das australische Programm
ist umfassender und gleicht sowohl die Finanzkraft als auch den Finanzbedarf der australischen Bundesstaaten aus, deren Gesamteinnahmen auf
die Einnahmen aus der Waren- und Dienstleistungssteuer beschränkt sind.

Die Auswirkungen der gegenwärtigen Finanzausgleichssysteme hinsichtlich ihrer Gerechtigkeit und Effizienz sind eine Quelle anhaltender
Debatten in den meisten föderalen Staaten. In Australien ist die

Komplexität, die durch die Ausgabenbedarfskompensation eingeführt
wurde, eine wichtige Quelle für die Unzufriedenheit mit der gegenwärtig
verwendeten Berechnungsformel. In Kanada ist das Eigentum der
Provinzen an den natürlichen Ressourcen eine der Hauptursachen für die
fiskalischen Unterschiede zwischen den Provinzen, und die Behandlung
der Einnahmen aus natürlichen Ressourcen im Rahmen des Finanzausgleichs bleibt umstritten. In Deutschland und Spanien führt die
Anwendung einer übermäßig progressiven Ausgleichsformel für einige
reiche Gebietskörperschaften zu einer Umkehr der Reihenfolge der
finanziellen Stärke. In der Vergangenheit haben mehrere reiche Bundesländer in Deutschland diese Angelegenheit vor das Bundesverfassungsgericht gebracht, um ihre Beiträge zum Finanzausgleich zu begrenzen. In
Brasilien, Indien, Malaysia, Nigeria, Russland und Südafrika werden durch
die Gerechtigkeits- und Effizienzfolgen der gegenwärtig existierenden
Programme Kontroversen und Debatten hervorgerufen.

3. Finanzpolitische Klugheit und finanzpolitische Disziplin in einem „Jeder für sich selbst"-Föderalismus

In Anbetracht der signifikanten Autonomie der unteren Ebenen und
angesichts der Tatsache, dass ja immer die Möglichkeit einer Rettungs-
maßnahme durch den Bund besteht, gibt die mangelnde finanzpolitische
Disziplin auf den unteren Regierungsebenen föderaler Staaten Anlass zu
Besorgnis. In reifen Föderalstaaten wird die zur Wahrung finanzpolitischer Disziplin vorgenommene finanzpolitische Koordination sowohl durch
Verwaltungs- und Gesetzgebungsföderalismus ausgeübt als auch durch
formelle und informelle finanzpolitische Regeln. In den letzten Jahren
haben gesetzlich verankerte finanzpolitische Regeln größere Aufmerksamkeit erregt. Diese Regeln existieren in der Form von Kontrollen des
Haushaltsausgleichs, Beschränkungen der Verschuldung, Steuer- oder
Ausgabenbeschränkungen und Referenden über neue Steuer- oder
Ausgabenprogramme. Die meisten reifen Föderalstaaten legen bei der
Organisation ihrer Zentralbanken fest, dass Rettungsmaßnahmen verboten sind. Die Existenz von Vorzugskrediten des Bankensektors und
einer expliziten oder auch nur impliziten Rettungsgarantie ermöglicht es
den unteren Regierungsebenen praktisch, Geld zu drucken und damit die
Inflation anzuheizen. Jüngere Erfahrungen mit fiskalischen Anpassungs-
programmen legen den Schluss nahe, dass gesetzlich verankerte
finanzpolitische Regeln, auch wenn sie für eine erfolgreiche fiskalische
Anpassung weder notwendig noch hinreichend sind, besonders in
Ländern mit auseinanderstrebenden politischen Institutionen oder
Koalitionsregierungen bei der politischen Verpflichtung zu besseren
finanzpolitischen Ergebnissen helfen können. In Ländern mit Verhältnis-
wahlrecht (Brasilien), mit Mehr-Parteien-Koalitionen (Indien) oder mit
einer Trennung von legislativen und exekutiven Aufgaben (USA,

Brasilien) können solche Regeln zum Beispiel hilfreich dabei sein, die politische Verpflichtung auf Reformen aufrechtzuerhalten. Wie die Erfahrungen in Brasilien, Indien, Russland und Südafrika gezeigt haben, können finanzpolitische Regeln in solchen Ländern dabei helfen, die „Trittbrettfahrermentalität"- oder „Futtertrog-Politik" einzuschränken und die finanzpolitische Disziplin zu verbessern. Australien und Kanada erzielten dieselben Ergebnisse ohne gesetzlich verankerte finanzpolitische Regeln. Die finanzpolitische Disziplin in Deutschland ist hingegen weiterhin ein Problem, obwohl es dort gesetzlich verankerte Regeln für die Finanzpolitik gibt. Die Erfahrung der Schweiz ist die aufschlussreichste im Hinblick auf dauerhafte finanzpolitische Disziplin. Zwei wichtige Instrumente motivieren die Kantone zu finanzpolitischer Disziplin. Erstens geben die Finanzreferenden den Bürgern die Möglichkeit, ihr Veto gegen jedes beliebige Regierungsprogramm einzulegen. Zweitens wirkt die in einigen Kantonen gesetzlich verankerte Vorschrift, in guten Zeiten einen Teil eines Haushaltsüberschusses für schlechte Zeiten zurückzulegen, wie eine Schuldenbremse.

4. Zwischenstaatlicher Wettbewerb

Wettbewerb zwischen den Regierungen der einzelnen Bundesstaaten und der Gemeinden ist in den meisten föderalen Staaten weit verbreitet. Er findet in folgenden Formen statt: Lobbying in Sachen Arbeitsplätze (durch die Schaffung von Bundes- oder Privatwirtschaftsprojekten wie beispielsweise neuen Militärbasen); die Förderung von inländischen und ausländischen Direktinvestitionen; das Bieten von Anreizen und Subventionen, die Kapital und Arbeit anlocken; die Bereitstellung von Infrastruktur zur Verbesserung des Wirtschaftsstandortes; das Anbieten einer differenzierten Palette von lokalen öffentlichen Leistungen; die einfache Vergabe von Lizenzen und Genehmigungen; und zahllose andere Wege, die dem Kapital und den qualifizierten Arbeitskräften eine Politik der offenen Tür signalisieren sollen. Die Regierungen der Bundesstaaten und der Gemeinden konkurrieren miteinander auch dadurch, dass sie zum Schutz der örtlichen Industrie und Wirtschaft Handels- und Zollbarrieren errichten. Sie versuchen zudem, sich einander beim Export der Steuerlast an Steuersubjekte außerhalb ihres Hoheitsbereiches und, wo möglich, beim Erreichen eines größeren Anteils an den Finanztransfers des Bundes zu überbieten.

In föderalen Staaten ist die Aufrechterhaltung innerstaatlichen Wettbewerbs und dezentralisierter Entscheidungsfindung für eine aufgeschlossene und verantwortliche lokale Regierungsform wichtig. Die Erfahrungen der Schweiz und der USA sind Belege für die positiven Wirkungen eines solchen Wettbewerbs. Politikmaßnahmen auf Kosten der anderen („Beggar-thy-neighbor-policies") bergen die Gefahr in sich, dass sie die Gewinne aus dezentralisierter Entscheidungsfindung untergraben,

wie kürzliche Erfahrungen in Spanien gezeigt haben. Ein partnerschaft-
licher Ansatz, der die gemeinsame Wirtschaftsunion dadurch fördert, dass
er anhand allgemeiner Mindeststandards für die öffentlichen Leistungen
die unbeschränkte Mobilität der Produktionsfaktoren sicherstellt,
Handelsschranken abschafft und einen breiteren Zugang zu Informationen
und Technologien ermöglicht, bietet die beste politische Alternative für
die regionale Integration und interne Kohäsion innerhalb föderaler
Staaten. Es geht nicht darum, zwischen Wettbewerb oder Kooperation zu
wählen, sondern darum, wie sichergestellt werden kann, dass alle Seiten
konkurrieren und kooperieren ohne zu betrügen.

Abschließende Bemerkungen

Die in dieser Broschüre untersuchten föderalen Staaten haben eine
bemerkenswerte Fähigkeit gezeigt, sich an neue Herausforderungen des
fiskalischen Föderalismus anzupassen. Während die Herausforderungen,
denen sie sich gegenübersehen, ähnlich sein mögen, sind die Lösungen,
die sie finden, immer einzigartig und lokaler Natur. Dies manifestiert
in bemerkenswerter Weise den Triumph des Geistes des Föderalismus
in seiner fortdauernden Suche nach Ausgleich und Exzellenz in einer
aufgeschlossenen, verantwortungsvollen und verantwortlichen Regierungsform. Der lange Marsch zu neuen Höhen einer umfassenden
Regierungsform geht weiter.

Glossar

ABORIGINES 1. ursprüngliche Bewohner eines Landes oder Territoriums; ersetzt den Ausdruck Indianer in Kanada (allerdings nicht in den USA). Auch Aboriginals 2. Ursprüngliche Bewohner Australiens; ersetzt Aborigines.

ABWERTUNG (WÄHRUNG) eine Verringerung des offiziellen Wechselkurses, so dass die heimische Währung im Vergleich zu anderen Währungen weniger Wert ist; häufig zur Korrektur einer bestehenden Überbewertung verwendet.

ANRECHT verpflichtendes Sozialprogramm, dessen Nutznießer Zahlungen aufgrund der Tatsache erhalten, dass sie bestimmte Bedürftigkeitskriterien erfüllen.

ANTI-ZYKLISCHE FISKALPOLITIK die Anpassung des Staatshaushalts zur Glät-tung von Konjunkturschwankungen – Abmilderung von Rezessionen durch Haushaltsdefizite, die einen wirtschaftlichen Stimulus liefern, und Verhinderung einer konjunkturellen Überhitzung durch die Erzielung von Haushaltsüberschüssen. Auch als gegen-zyklische Budgetierung bekannt.

ASYMMETRISCHER FÖDERALISMUS bezeichnet die ungleiche oder nicht identische Verteilung von Kompetenzen und Verantwortlichkeiten zwischen den Teileinheiten eines föderalen Systems, z.B. die dem Baskenland und Navarro zugestandene, im Vergleich zu den anderen Autonomen Gemeinschaften Spaniens größere Autonomie.

AUSGABENBEFUGNIS die Fähigkeit der Nationalregierung in einer Föderation mit Hilfe ihrer überlegenen Finanzausstattung Einfluss auf oder Kontrolle über Angelegenheiten auszuüben, die in den Hoheitsbereich der unteren Regierungsebenen fallen; wird entweder durch die Finanzierung von Bundesprogrammen oder durch die Macht, die Zahlung von der Einhaltung nationaler Normen abhängig zu machen, durchgesetzt. ·Entsteht durch vertikale finanzpolitische Ungleichgewichte.

AUSLÄNDISCHE WÄHRUNG Zahlungsmittel eines anderen Landes, die durch Exporte erworben werden; ermöglichen es, Importe zu finanzieren.

AUSSCHLIESSLICHE KOMPETENZ Recht, das ausschließlich einer Regierungsebene in einer Föderation übertragen ist, im Gegensatz zu einer gemeinschaftlichen Ausübung des Rechts.

AUTONOME GEMEINSCHAFT Name der zweiten Regierungsebene in Spanien; äquivalent zu den Provinzen oder Bundesstaaten in anderen Föderationen.

BEDARFSAUSGLEICH vergleiche Finanzausgleich.

BLOCKTRANSFER intergovernmentaler Transfer, der eine Reihe von vorher separaten Zuschüssen zu einem einzigen Transfer bündelt.

BRUTTOINLANDSPRODUKT (BIP) gesamter Wert der Produktion einer Volkswirtschaft.

BUNDESREGIERUNG umgangssprachliche und in einigen Fällen offizielle Bezeichnung der nationalen Regierung einer Föderation.

BUNDESSTAAT Name einer einzelnen Teileinheit einer Föderation in Australien (6 Bundesstaaten), Brasilien (26 Bundesstaaten), Indien (28 Bundesstaaten), Mexiko (31 Bundesstaaten), Nigeria (36 Bundesstaaten), USA (50 Bundesstaaten).

BUNDESSTAATLICHER AUFTRAG Gesetz der nationalen Regierung, das die unteren Regierungsebenen verpflichtet, bestimmte Aufgaben zu erfüllen. In Deutschland setzen bundesstaatliche Aufträge in bestimmten Bereichen übergreifende Standards oder Rahmenbedingungen, für die ansonsten die *Bundesländer* die Verantwortung tragen. Vergleiche auch nicht-finanzierte Aufgaben.

BUNDESVERFASSUNGSGERICHT oberstes Gericht in Verfassungsfragen in Deutschland. Vergleiche Verfassungsgericht.

DEZENTRALISIERUNG Verschiebung der Macht von der Zentral- oder Nationalregierung auf die unteren Regierungsebenen einer Föderation.

EINHEITSSYSTEM ein Nationalstaat, in dem die Souveränität durch eine Regierung alleine ausgeübt wird und in dem die unteren Regierungsebenen lediglich ihnen übertragenen Befugnisse besitzen.

EINKOMMENSSTEUER Steuer auf die Einkünfte von Personen oder Unternehmen, vergleiche auch progressive Steuern.

EINNAHMENAUTONOMIE vergleiche Steuerautonomie.

EINNAHMENTEILUNG Arrangement oder Vorschrift, die Einnahmen bestimmter Steuerarten zwischen den verschiedenen Regierungsebenen auf der Grundlage einer festgelegten Formel aufzuteilen.

FINANZAUSGLEICH formale Umverteilung von Einnahmen innerhalb einer Föderation mit dem Ziel, über alle Hoheitsgebiete hinweg einen Mindeststandard bei der Finanzausstattung zu gewährleisten und dadurch den Bürgern ein vergleichbares Niveau an öffentlichen Leistungen unabhängig von ihrem Wohnort zur Verfügung zu stellen; bekannt unter dem Fachausdruck „Horizontaler Finanzausgleich". Basiert typischerweise auf einer Formel, die entweder nur die Fähigkeit, Einnahmen aus eigenen Quellen zu erzielen, oder zusätzlich auch Ausgabenverpflichtungen (den Finanzbedarf) der verschiedenen Hoheitsgebiete berücksichtigt.

FINANZPOLITISCHE DISZIPLIN Vermeidung exzessiver oder dauerhafter Haushaltsdefizite der Regierung; auch finanzpolitische Verantwortung oder gesunde Staatsfinanzen.

FINANZPOLITISCHE VERANTWORTUNG vergleiche finanzpolitische Disziplin.

FINANZREFERENDUM Teil der Schweizer Praxis der direkten Demokratie, in der die Bürger ein für die Regierung bindendes Referendum über praktisch alle Themen initiieren und verabschieden können.

FINANZVERFASSUNG die Regeln, nach denen die Verteilung der Kompetenzen zur Einnahmenerzielung zwischen den einzelnen Regierungsebenen in einer Föderation erfolgt.

FISKALISCHE DEZENTRALISIERUNG Übertragung größerer Befugnisse zur Einnahmenerzielung auf die unteren Ebenen in einer Föderation.

FISKALISCHE KOORDINIERUNG Arrangement zur Koordinierung der Steuer- und Ausgabenpolitik zwischen den Regierungsebenen in einer Föderation.

FISKALISCHE UNGLEICHHEIT die unterschiedliche Fähigkeit der Teileinheiten in einer Föderation, Einnahmen zu erzielen, die auf ihren unterschiedlichen Ressourcenausstattungen und der unterschiedlichen Stärke der örtlichen Wirtschaft beruhen kann.

GEBUNDENER ZUSCHUSS vergleiche Zahlung mit besonderem Zweck.

GEMEINDE vergleiche Regierungsebenen.

GESUNDE STAATSFINANZEN vergleiche finanzpolitische Disziplin.

GRUNDSTEUER Steuer auf Grundbesitz und Gebäude, häufig als Prozentsatz des geschätzten Wertes berechnet und typischerweise der untersten Gebietskörperschaftsebene in einer Föderation zugeordnet.

HARMONISIERUNG Einführung der Vergleichbarkeit von Regeln und Regulierungen in den Teileinheiten eines politischen Systems als Alternative zur Einheitlichkeit.

HIGH COURT OF AUSTRALIA das oberste Gericht für Verfassungsrecht und die übrigen Gesetze im Australischen Commonwealth.

HORIZONTALER FINANZAUSGLEICH vergleiche Finanzausgleich.

INFLATION Anstieg des nominalen Preises (d.h. des sichtbaren Preises) von Gütern und Dienstleistungen im Unterschied zum realen Preis (d.h. dem Preis eines bestimmten Gutes oder einer bestimmten Dienstleistung im Vergleich zu anderen Gütern und Dienstleistungen in einer Volkswirtschaft). Vergleiche auch Preisstabilität.

INFLATIONSZIELPOLITIK Ansatz der Geldpolitik, der eine Bandbreite zulässiger Inflationsraten veröffentlicht und der deutlich macht, dass die offiziellen Zinssätze so angepasst werden, dass die Inflationsrate innerhalb dieser Bandbreite bleibt.

KANTON Name der zweiten Regierungsebene in der Schweiz. Vergleiche auch Regierungsebenen.

KAPAZITÄTSAUSGLEICH vergleiche Ausgleich.

KLASSISCHES SYSTEM DES FISKALISCHEN FÖDERALISMUS Arrangement, bei dem die Rollen und Verantwortlichkeiten hinreichend klar zwischen den verschiedenen Regierungsebenen aufgeteilt sind und bei dem jede Ebene Zugang zu Einnahmen hat, die ungefähr ausreichen, ihre Ausgabenlast zu finanzieren.

KOALITIONSREGIERUNG Regierung, die von zwei oder mehr anderweitig unabhängigen Parteien im Rahmen einer Vereinbarung gebildet wird.

KOOPERATIVER FÖDERALISMUS   Praxis und Prinzip des modernen Föde-
ralismus, nach denen die Regierungsebenen zusammenarbeiten und ihre
Politikmaßnahmen in Bereichen überlappender Verantwortung koordinieren.
In einigen Föderationen vorgeschrieben (z.B. die Gemeinschaftsaufgaben in
Deutschland), aber üblicherweise eher eine Anpassung der Regierungen an die
Realitäten moderner Föderalismussysteme. Beinhaltet nicht notwendigerweise
gleiche Macht und gleiche Ressourcen der beteiligten Regierungsebenen und
kann in der Tat eine Form des "zwingenden Föderalismus" darstellen, bei dem
die überlegenen Ressourcen oder Machtmittel der Zentralregierung es dieser
erlauben, eine einheitliche Politik durchzusetzen.

LAND   Name der Einheiten, die gemeinsam den deutschen Bundesstaat bilden.

LEASING- UND KAUFFINANZIERUNG   eine von einer Vielzahl von alterna-
tiven Finanzierungsmethoden, bei der die Regierungen privatwirtschaftlichen
Unternehmen den Auftrag erteilen, öffentliche Infrastruktur zu bauen und
bereitzustellen, wobei die Regierung das Eigentum letztendlich durch einen
langfristigen Leasingvertrag übernimmt.

MAKROÖKONOMISCH   die Leistung der gesamten Volkswirtschaft betreffend
in Form von Beschäftigung, Preisstabilität und Wachstum.

MEHRWERTSTEUER   eine Konsum- oder Verkaufssteuer, die so strukturiert ist,
dass die Produzenten von Gütern und Dienstleistungen selbst keine Steuer auf
den Kauf von Gütern und Dienstleistungen zahlen, wenn diese als Inputs
verwendet werden und die gesamte Steuer von den Endverbraucher am Ort
des Verkaufs bezahlt wird. Für ihre nationalen Mehrwertsteuern benutzen
die Regierungen Australiens und Kanadas den Begriff Güter- und
Dienstleistungssteuer (GST).

MONETÄRE STABILISIERUNG   Erreichen von Preisstabilität nach Zeiten
hoher Inflation oder Deflation. Vergleiche Preisstabilität.

NICHT-FINANZIERTE AUFGABEN   amerikanischer Ausdruck für die Verpflichtung von Regierungen der Bundesstaaten oder der lokalen Regierungen,
Dienstleistungen zu erbringen, ohne dass eine entsprechende Finanzierung
bereitgestellt wird.

ÖFFENTLCIHE VERSORGUNGSUNTERNEHMEN   in Staatsbesitz befindliche
Unternehmen, die Transport- und Kommunikationsleistungen bereitstellen,
Wasser, Elektrizität oder Gas mit den wesentlichen Eigenschaften „natürlicher
Monopole" liefern und wichtige Infrastruktur für die Nutzung durch die
Gemeinde und die Wirtschaft zur Verfügung stellen.

ÖKONOMISCHE LIBERALISIERUNG   Programm zur Verringerung des staatlichen Eigentums und der Regulierung der Wirtschaft; typischerweise vorangetrieben durch Privatisierung, Deregulierung und die Abschaffung von Zöllen und
Importbeschränkungen.

OFFIZIELLE ZINSSÄTZE   die von der Zentralbank festgesetzten Leit- oder
Basiszinsen für die Kreditaufnahme.

PREISSTABILITÄT   geringfügige Änderung des realen Wertes einer Währung im Zeitablauf – Vermeidung von Inflation und Deflation.

PRIVATISIERUNG die Übertragung von Vermögenstiteln im Besitz der Regierung in private Hände; kann auch erreicht werden durch Maßnahmen, die keine vollständige Privatisierung anstreben und die Staatsunternehmen motivieren sollen, sich wie privatwirtschaftliche Unternehmen zu verhalten.

PRODUKTIONSSTEUER Abgabe oder Steuer auf die Produktion von Gütern.

PROGRESSIVE STEUER eine Steuer, deren Sätze mit dem Einkommen oder dem Vermögen des Steuersubjektes zunehmen; typischerweise haben persönliche Einkommenssteuern eine progressive Steuersatzstruktur. Auch bekannt als Steuer mit Stufentarif.

PROVINZ Name einer Teileinheit, als Alternative zu den Bundesstaaten in verschiedenen Föderationen (Kanada, 10 Provinzen; Südafrika, 9 Provinzen); in einigen Föderationen zur Bezeichnung der unteren Ebene der Teileinheiten verwendet (z.B. Spanien).

REGIERUNGSEBENEN Stufen der Regierung, die in einer Föderation existieren; typischerweise mit der Zentral- oder Nationalregierung als erster Stufe, den einzelnen Teileinheiten (Bundesstaaten, Provinzen, Kantone etc.) als der zweiten Stufe und den lokalen Regierungen (Gemeinden, Städte, Bezirke etc.) als der dritten Stufe; komplexere Strukturen existieren jedoch (z.B. Russland).

RENNEN ZUM GRUND prognostizierte Entwicklung im wettbewerblichen Föderalismus, die darin mündet, dass sich die staatlichen Teileinheiten in dem Versuch, Investitionen anzulocken, gegenseitig mit ihren Steuersätzen und Schutzmaßnahmen unterbieten.

RESIDUALBEFUGNISSE Befugnisse, die nicht einzeln aufgeführt sind, die aber im Fall des Fehlens einer expliziten Ablehnung verfassungsmäßig einer Regierungsebene zugeordnet sind.

SCHULDPAPIERE handelbare, verzinsliche Anleihen, die auf privatwirtschaftlichen Märkten zur Sammlung von Kapital verkauft werden.

SKALENERTRÄGE Tendenz, dass die Kosten, zu denen einzelne Güter oder Dienstleistungen produziert oder bereitgestellt werden können, bis zu einem Punkt mit der Produktionsmenge sinken, so dass die optimale Größe einer Produktionseinrichtung, eines Unternehmens oder einer Regierungsstelle unter dem Gesichtspunkt der Kosteneffizienz bestimmt werden kann.

SOZIALUNION Umfang, in dem eine Föderation über die Hoheitsgebiete der Teileinheiten hinweg gemeinsame sozialpolitische Standards einführt und beibehält.

STABILE WÄHRUNG eine Währung, deren Wert in Einheiten lokaler Güter und Dienstleistungen gemessen, im Gegensatz zur Erfahrung hoher Inflations- oder Deflationsraten, im Zeitablauf nur geringfügig schwankt.

STEUER MIT BREITER BEMESSUNGSGRUNDLAGE Steuer, die nicht auf eine spezifische ökonomische Aktivität beschränkt ist – typischerweise die Einkommenssteuer der natürlichen Personen und der Unternehmen sowie allgemeine Umsatzsteuern (vor allem die Mehrwertsteuer).

STEUERAUTONOMIE das Recht einer Regierungsebene, nach eigenen Vorstellungen und eigenen Ausgabenverpflichtungen die eigenen Steuereinnahmen aus den eigenen Steuerquellen zu erzielen und sich nicht auf zwischenstaatliche Transfers oder Einnahmenteilung zu verlassen; steht im Widerspruch zu finanzpolitischen Ungleichgewichten.

STEUERBEMESSUNGSGRUNDLAGE eine bestimmte ökonomische Aktivität, auf die eine Steuer erhoben wird.

STEUERGUTSCHRIFT Zahlung, die definierten Nutznießern durch das Steuersystem zur Verfügung steht und bei der, anders als Steuerfreibeträgen, keine Steuerzahlung notwendig ist, um in ihren Genuss zu kommen.

STEUEKRAFT die potentiell möglichen Einnahmen, die eine Regierung aus den ihr zur Verfügung stehenden Steuerquellen erzielen kann.

STEUERWETTBEWERB die Senkung oder Abschaffung von Steuern zur Anziehung von Investitionen oder Ansiedlung von Unternehmen; vergleiche wettbewerblicher Föderalismus.

STROMTARIF Preis, der für Elektrizität verlangt wird.

SUBSIDIARITÄT Prinzip, nach dem jede Aufgabe der untersten Regierungsebene vorbehalten bleiben soll, die diese effektiv erfüllen kann.

TEILEINHEIT eine untere Gebietskörperschaft, die konstitutioneller Partner einer Föderation ist. Vergleiche auch Regierungsebenen.

TERRITORIALREGIERUNG Regierung einer Region, der der Verfassungsrang einer Teileinheit fehlt und die auf der Basis übertragener Befugnisse arbeitet.

ÜBERBEWERTUNG (WÄHRUNG) Festsetzung eines internationalen Wechselkurses auf ein höheres als das Marktniveau.

UNGEBUNDENER ZUSCHUSS zwischenstaatlicher Transfer der geleistet wird, ohne dass er an Bedingungen oder Ausgabenvorschriften geknüpft ist; Gegenstück zum zweckgebundenen Zuschuss.

VERFASSUNGSGERICHT eine Einrichtung des Rechtssystems, die insbesondere im Hinblick auf verfassungsrechtliche Fragen einschließlich der Beziehungen zwischen den einzelnen Regierungsebenen in einer Föderation höchstrichterliche Entscheidungen trifft, im Unterschied zu einem „Obersten Gericht" oder einem Gericht, das als letzte Instanz des allgemeinen Gerichtswesens fungiert. Erstmalig in Österreich eingesetzt; Beispiele umfassen heute den belgischen *Cour d'arbitrage* und das deutsche *Bundesverfassungsgericht*.

VERKAUFSSTEUER Steuer, die auf den Wert von Gütern und Dienstleistungen am Ort des Verkaufs erhoben wird, heute üblicherweise in der Form der umfassenden Mehrwertsteuer erhoben; vergleiche Mehrwertsteuer.

VERTIKALE UND HORIZONTALE UNGLEICHHEIT Differenz im Vermögen und in der Finanzkraft vertikal unterschiedlicher Regierungsebenen und horizontal zwischen den Hoheitsgebieten derselben unteren Regierungsebene.

VORRANG amerikanischer Ausdruck für die Verdrängung von Gesetzen der Bundesstaaten durch nationale Gesetze.

WECHSELKURSKONTROLLEN Gesetz, das den Wechselkurs, zu dem die nationale Währung in ausländische Währung getauscht werden kann, festlegt und/oder die Menge an Währung, die getauscht werden darf.

WETTBEWERBLICHER FÖDERALISMUS Praxis, in der die unteren Ebenen einer Föderation miteinander im Wettbewerb darum stehen, Unternehmen und Individuen durch attraktive politische Rahmenbedingungen dafür zu gewinnen, in ihrem Gebiet zu investieren oder sich dort niederzulassen; kann sich auch auf den vertikalen Wettbewerb zwischen dem Bund und den Bundesstaaten beziehen; vergleiche auch „Rennen zum Grund".

WIEDERVEREINIGUNG die Aufnahme des Territoriums des früheren Ostdeutschlands in die Bundesrepublik Deutschland in der Form sechs neuer Bundesländer nach dem Zusammenbruch des kommunistischen Regimes im Jahr 1989.

WIRTSCHAFTSUNION Umfang, mit dem eine Föderation einen einheitlichen gemeinsamen Markt schafft, der ihre Teileinheiten umfasst.

ZWECKGEBUNDENE EINNAHMEN Steuereinnahmen aus speziellen Quellen, die für bestimmte Zwecke verwendet werden müssen; auch bekannt als "verpfändete Steuer".

ZWECKGEBUNDENER ZUSCHUSS zwischenstaatlicher Transfer an eine beliebige Zahl von Bedingungen für die Verwendung geknüpft, typischerweise zur Förderung national definierter Politikziele innerhalb der Befugnisse der unteren Teileinheiten. Allgemein bekannt als bedingter Zuschuss, gebundener Zuschuss oder (in den USA) als kategorischer Zuschuss. Vergleiche Ausgabenbefugnis.

ZÖLLE (STEUER) auf importierte Güter am Ort der Einfuhr in ein Land oder in einem Hoheitsgebiet erhobene Steuer oder "Gebühr".

Autorinnen und Autoren

RAOUL BLINDENBACHER, Vizepräsident, Forum of Federations, Kanada/Schweiz

ROBIN BOADWAY, Professor, Department of Economics, Queen's University, Kingston, Kanada

ALEXANDER DERYUGIN, Teamleiter Zwischenstaatliche Finanzbeziehungen, Zentrum für Finanzpolitik, Moskau, Russland

AKPAN H. EKPO, Vizekanzler, Akwa Ibom State University of Technology, Uyo, Nigeria

LARS P. FELD, Professor, Fachbereich Öffentliche Finanzen, Universität Marburg, Deutschland

PRABHU GUPTARA, Professor, Universität Fribourg / Wolfsberg Platform for Business and Executive Development, Schweiz

MERL HACKBART, Professor, Gatton College of Business and Economics, University of Kentucky, Lexington, USA

ABIGAIL OSTIEN KAROS, Manager des Programms "Ein Globaler Dialog über Föderalismus", Forum of Federations, Kanada

GEBHARD KIRCHGÄSSNER, Professor, Fachbereich Wirtschaft, Universität St. Gallen, Schweiz

GALINA KURLYANDSKAYÁ, Generaldirektor, Zentrum für Finanzpolitik, Moskau, Russland

RENOSI MOKATE, Stellvertretender Gouverneur der Zentralbank Südafrikas, Pretoria, Südafrika

ALAN MORRIS, Chairman, Commonwealth Grants Commission, Canberra, Australien

FERNANDO REZENDE, Professor an der Brazilian School of Public and Private Administration, Getulio Vargas Stiftung, Rio de Janeiro und Brasilia, Brasilien

M. GOVINDA RAO, Direktor, National Institute of Public Finance and Policy, New Delhi, Indien

SAIFUL AZHAR ROSLY, Forschungsdirektor, Malaysisches Institut für Wirtschaftsforschung, Kuala Lumpur, Malaysia

ANWAR SHAH, Chef-Ökonom und Programm-/Teamleiter, Public Sector Governance, World Bank Institute, Washington D.C., USA

JOAQUIM SOLÉ VILANOVA, Professor für Öffentliche Finanzen, Universität Barcelona, Spanien

JÜRGEN VON HAGEN, Professor, ZEI, Rheinische Friedrich-Wilhelms Universität, Bonn, Deutschland

Teilnehmende Expertinnen und Experten

Für ihre Beiträge danken wir den folgenden Expertinnen und Experten, die sich am Thema Praxis des Finanzföderalismus: vergleichende Perspektiven beteiligt haben. Während die Teilnehmende ihr Wissen und ihre Erfahrung eingebracht haben, sind sie doch in keiner Weise für den Inhalt dieser Schrift verantwortlich.

Mahani Zainal Abidin, National Economic Action Council, Malaysia
Sam Adantia, University of Uyo, Nigeria
Rui Affonso, State of Sao Paulo Water and Sanitation Company, Brasilien
Tanya Ajam, University of Cape Town, Südafrika
Sunday Akpadiaha, Governor's Office, Nigeria
Eme Akpan, University of Uyo, Nigeria
Otoabasi Akpan, University of Uyo, Nigeria
Haji Mohd Aiseri bin Alias, Office of the State Secretary of Kelantan, Malaysia
H.K. Amamath, National Institute of Public Finance and Policy, Indien
Mukesh Anand, National Institute of Public Finance and Policy, Indien
George Anderson, Forum of Federations, Kanada
Bernard Appy, Ministry of Finance, Brasilien
Erika Araújo, Economic Consultant, Brasilien
Mohamed Ariff, Malaysian Institute of Economic Research, Malaysia
Balveer Arora, Jawaharlal Nehru University, Indien
Linus Asuquo, Ministry of Science & Technology, Nigeria
Edet Attih, Ministry of Health, Nigeria
Fabrício Augusto de Oliveira, Fundação João Pinheiro, Brasilien
Amaresh Bagchi, National Institute of Public Finance and Policy, Indien
Simanti Bandyopadhyay, National Institute of Public Finance and Policy, Indien
Nirmala Banerjee, Sachetna, Indien

Gary Banks, Productivity Commission, Australien
Raoul Blindenbacher, Forum des Fédérations, Kanada/ Schweiz
Robin Boadway, Queen's University, Kanada
Henner-Jörg Boehl, Member of Parliament, Deutschland
O.P. Bohra, National Institute of Public Finance and Policy, Indien
Malcolm Booysen, Government of South Africa, Südafrika
Canisius Braun, Cantonal Governments Conference, Schweiz
Kenneth Brown, Südafrika
Jim Brown, The Council of State Governments, USA
Tomás Bruginski de Paula, State of Sao Paulo Company for Partnerships
of the Ministry of Finance, Brasilien
Andrei Burenin, State Duma of Russian Federation, Russland
Michael Butler, Public Sector Policy Analysis, Kanada
Bruce Campbell, Canadian Centre for Policy Alternatives, Kanada
Luis Caramés Viéitez, University of Santiago de Compostela, Spanien
Raimundo Eloy Carvalho, Department of Federal Revenue, Brasilien
Antoni Castells Oliveres, Government of Catalunya, Spanien
Lekha Chakraborty, National Institute of Public Finance and Policy, Indien
Pinaki Chakraborty, National Institute of Public Finance and Policy, Indien
Don Challen, Department of Treasury and Finance, Australien
Ian Chalmers, Australian Local Government Association, Australien
Diwan Chand, National Institute of Public Finance and Policy, Indien
Rupak Chattopadhyay, Forum of Federations, Kanada
Diana Chebenova, Forum of Federations, Kanada
Kamalasen Chetty, Winelands District Municipality, Südafrika
Chan Huan Chiang, Universiti Sains Malaysia, Malaysia
Mita Choudhury, National Institute of Public Finance and Policy, Indien
Indrani Roy Chowdhury, National Institute of Public Finance and Policy,
Indien
José Augusto Coelho Fernandes, Confederaçao Nacional da Indústria,
Brasilien
EM Coleman, Finance, Mpumalanga, Südafrika
Thomas J. Courchene, Queen's University, Kanada
David Crawford, National Competition Council, Australien
Eugenia Cuéllar Barbeto, Financial Coordination for Autonomous
Communities, Spanien
Erzol D'Souza, Indian Institute of Management, Indien
Izzuddin bin Dali, Ministry of Finance, Malaysia
Wilson Baya Dandot, Chief Minister's Department, Malaysia
Paul Darby, Conference Board of Canada, Kanada
Malti Das, Government of Karnataka, Indien
Donald Dennison, Next Nouveau Brunswick, Kanada
Alexander Deryugin, Center for Fiscal Policy, Russland
Santiago Díaz de Sarralde Miguez, Institute of Fiscal Studies, Spanien

Navroz Dubash, National Institute of Public Finance and Policy, Indien
Harley Duncan, Federation of Tax Administrators, USA
Asa Ebieme, Ministry of Culture and Tourism, Nigeria
Festus Egwaikhide, University of Ibadan, Nigeria
Reiner Eichenberger, Université de Fribourg, Schweiz
Edet Ekanem, Daily Trust, Nigeria
Glory Ekong, Newsday Publication, Nigeria
Akpan Ekpo, University of Uyo, Nigeria
Ime Ekpoattai, Ministry of Rural Development, Nigeria
Isawa Elaigwu, Institute of Government and Social Resource, Nigeria
Okon Emah, Ministry of Commerce and Industry, Nigeria
Okpongkpong Enobong Kubiat, Ministry of Economic Development, Nigeria
Saul Eslake, Australian & New Zealand Banking Group Limited, Australien
Dominique Faessler, Europartners, Schweiz
Patrick Fafard, Intergovernmental Affairs, Privy Council Office, Kanada
Klaus Feiler, Senatsverwaltung für Finanzen, Deutschland
Lars P. Feld, University of Marburg, Deutschland
Angela Fernandez, Secretaria do Tesouro Nacional, Brasilien
Wolfram Försterling, Staatskanzlei Nordrhein-Westfalen, Deutschland
William Fox, University of Tennessee, USA
Robert Gagné, École des Hautes Études Commerciales, Kanada
Vyacheslav Gaizer, Government of Komi Republic, Russland
Brian Galligan, University of Melbourne, Australien
Subhash Garg, Government of Rajasthan, Indien
Sol Garson Braule Pinto, Federal University of Rio de Janeiro, Brasilien
Otto-Erich Geske, Staatssekretär a.D., Deutschland
Gene Gibbons, Stateline.org, USA
Michael Gooda, Cooperative Research Centre for Aboriginal Health, Australien
Anjali Goyal, Government of India, Indien
Paul Grimes, Department of Treasury, Australien
Fátima Guerreiro, Secretariat of Finance of Bahia, Brasilien
Kristi Guillory, The Council of State Governments, USA
Theresa Gullo, Congressional Budget Office, USA
Manish Gupta, National Institute of Public Finance and Policy, Indien
Prabhu Guptara, Wolfsberg Platform for Business and Executive Development, Schweiz
Merl Hackbart, University of Kentucky, USA
Ulrich Haede, Europa-Universität Viadrina, Deutschland
Jürgen von Hagen, Zentrum für Europäische Integrations_forschung, Deutschland
Abd Rahman bin Haji Imam Arshad, Office of the State Secretary of Pahang, Malaysia

Tengku Razaleigh Hamzah, Malaysia
Jim Hancock, University of Adelaide, Australien
Jan Harris, Department of Prime Minister and Cabinet, Australien
Jamaludin bin Hasan, Office of the State Secretary of Pulau Pinang, Malaysia
Luiz Carlos Jorge Hauly, Camara dos deputados, Brasilien
Clifford F Herbert, Percetakan Nasional Malaysia Berhad, Malaysia
Ana Herrero Alcalde, National University for Distance Education, Spanien
Anton Hofmann, Bayerische Staatskanzlei, Deutschland
Rainer Holtschneider, Staatssekretär a.D., Deutschland
Rudolf Hrbek, University of Tübingen, Deutschland
Gottfried Huba, Staatskanzlei Rheinland-Pfalz, Deutschland
Anna Hughes, Australian Local Government Association, Australien
Albert Igudin, Ministry of Finance of Russian Federation, Russland
Dorothy Jaketa, Local Government and Housing, Südafrika
P.R. Jena, National Institute of Public Finance and Policy, Indien
Musalmah Johan, Malaysian Institute of Economic Research, Malaysia
Alcides Jorge Costa, National Treasury Secretariat, Brasilien
Jaya Josie, Financial and Fiscal Commission, Südafrika
Azidin Wan Abdul Kadir, Malaysian Institute of Economic Research, Malaysia
Ajit Karnik, University of Bombay, Indien
Abigail Karos, Forum of Federations, Kanada
Christian Kastrop, Bundesministerium der Finanzen, Deutschland
Beth Kellar, International City/ County Management Association, USA
Alexandra Kenney, Lafayette College, USA
Bongani Khumalo, Financial and Fiscal Commission, Südafrika
Andreas Kienemund, Bundesministerium der Finanzen, Deutschland
John Kincaid, Lafayette College, USA
Gebhard Kirchgässner, University of St. Gallen, Schweiz
Michael Kleiner, Staatsministerium Baden-Württemberg, Deutschland
Vladimir Klimanov, Institute of Public Finance Reforms, Russland
Lee Cheok Kua, Gerakan Belia Bersatu Malaysia, Malaysia
Galina Kurlyandskaya, Center for Fiscal Policy, Russland
Mala Lalwani, University of Bombay, Indien
Kobi Lambert, Akwa Ibom Investment and Industrial Promotion Council, Nigeria
Aleksey Lavrov, Ministry of Finance, Russland
Silke Leßenich, Ministerium der Finanzen, Deutschland
Edilberto Lima, Câmara dos deputados, Brasilien
Elayne Yee Siew Lin, Malaysian Institute of Economic Research, Malaysia
Wolf Linder, University of Bern, Schweiz
Maurício Estellita Lins Costa, Presidência da República, Brasilien
Bruce Little, Former Globe and Mail Journalist, Kanada

Ian Little, Department of Treasury and Finance, Australien
John Litwak, World Bank, Moscow Office, Russland
Alberto López Basaguren, University of País Vasco, Spanien
Guillem Lopez Casasnovas, Pompeu Fabra University, Spanien
Julio López Laborda, University of Zaragoza, Spanien
Javier Loscos Fernández, Institute of Fiscal Studies, Spanien
Doug MacArthur, Simon Fraser University at Harbour Centre, Kanada
L. Ian MacDonald, Institute for Research on Public Policy, Kanada
David MacDonald, Forum of Federations, Kanada
Cristina MacDowell, Escola de Administração Fazendária, Brasilien
Nadejda Macsimova, State Duma of Russian Federation, Russland
Sulaiman Mahbob, Integrity Institute of Malaysia, Malaysia
Mohd Razali bin Mahusin, Office of the State Secretary of Johor, Malaysia
Akhtar Majeed, Hamdard University, Indien
Debdatta Majumdar, National Institute of Public Finance and Policy, Indien
Gcobani Mancotywa, First National Bank Public Sector Banking, Südafrika
S.K. Mandai, National Institute of Public Finance and Policy, Indien
O.P. Mathur, National Institute of Public Finance and Policy, Indien
Ginigene Mbanefois, University of Ibadan, Nigeria
David McLaughlin, Council of the Federation, Kanada
Irina Medina, State Research Institute of System Analysis of the Account
Chamber of Russian Federation, Russland
Peter Meekison, University of Alberta, Kanada
Anthony Melck, University of Pretoria, Südafrika
Mónica Melle Hernández, Ministry of Public Administration, Spanien
Gilmar Mendes, Supreme Federal Tribunal, Brasilien
Marcos Mendes, Senado Federal, Brasilien
Hans Meyer, Humboldt-University, Deutschland
John Milne, Capitol Management, USA
Stanislav Mironov, Government of Astrakhan Oblast, Russland
Sergey Miroshnikov, Ministry of Regional Development of Russian
Federation, Russland
Peter Mischler, Université de Fribourg, Schweiz
Jorge Khalil Miski, MF-STN, Brasilien
Sergey Mitrohin, Russlandn Democratic Party "Yabloko," Russland
Modise Moatlhodi, First National Bank Public Sector Banking, Südafrika
Mustapa bin Mohamed, National Economic Action Council, Malaysia
Renosi Mokate, Financial and Fiscal Commission, Südafrika
Gugu Moloi, Umgeni Water, Südafrika
Mónica Mora, Institute for Applied Economics, Brasilien
Alan Morris, Commonwealth Grants Commission, Australien
Walter Moser, Federal Tax Administration, Schweiz
Hiranya Mukhopadhyay, Asian Development Bank, Indien
Rinku Murugai, The World Bank, Indien

Carlos Mussi, Organização das Nações Unidas, Brasilien
Suresh Narayanan, University of Malaysia, Malaysia
Gautam Naresh, National Institute of Public Finance and Policy, Indien
Ramon Navaratnam, The Sunway Group, Malaysia
Neva Nhlanhla, Congress of South Africa Trade Unions, Südafrika
James Nkoana, Univeristy of Cape Town, Südafrika
Phang Siew Noi, University of Malaysia, Malaysia
Alain Noël, Université de Montréal, Kanada
Aleksey Novikov, Standard & Poors Russia, Russland
Nsudoh Nsujoh, University of Uyo, Nigeria
Festus Odoko, Central Bank of Nigeria, Nigeria
Donatus Okon, Ministry of Finance, Akwa Ibom State Government, Nigeria
Nice Okure, Akwa Ibom Investment and Industrial Promotion Council,
Nigeria
Juan José Otamendi García-Jalón, Financial Coordination for
Autonomous Communities, Spanien
Ramlan bin Othman, Office of the Chief Minister of Selangor, Malaysia
Aris bin Othman, Malaysian Airports Holdings Berhad, Malaysia
James Overly, The Washington Times, Nigeria
André Luiz Barreto de Paiva Filho, Ministério da Fazenda, Brasilien
Rita Pandcy, National Institute of Public Finance and Policy, Indien
Luciano Patrício, Ministério da Fazenda, Brasilien
David Peloquin, Secretariat to the Expert panel on Equalization and
Territorial Formula Financing, Kanada
Ramón Pérez Pérez, Ministry of Public Administration, Spanien
Jeffrey Petchey, Curtin University of Technology, Australien
Myron Peter, Financial and Fiscal Commission, Südafrika
Marcelo Piancastelli, Institute for Applied Economics, Brasilien
Tatiana Pogorelova, Government of Stavropol Krai, Russland
Paul Posner, U.S. Government Accountability Office, USA
Sergio Prado, Sao Paulo State University at Campinas, Brasilien
Jennifer Prince, The Treasury, Australien
Adroaldo Quintela, Secretariat for Federative Affairs, Brasilien
José Roberto R. Afonso, Banco Nacional de Desenvolvimento Econômico
e Social e Camara dos Deputados, Brasilien
Vyacheslav Ragozin, Government of Republic of Karelia, Russland
Indira Rajaraman, National Institute of Public Finance and Policy, Indien
Subba Rao, Economic Advisory Council to the Prime Minister,
Government of India, Indien
Govinda Rao, National Institute of Public Finance and Policy, Indien
Kavita Rao, National Institute of Public Finance and Policy, Indien
S.K Rao, College of India, Indien
Bhujanga Rao, National Institute of Public Finance and Policy, Indien
V.I. Ravishankar, The World Bank, India Office, Indien

Odoukpo Regina Oliver, Ministry of Economic Development, Nigeria
Ross Reid, Government of Newfoundland and Labrador, Kanada
Wolfgang Renzsch, University of Magdeburg, Deutschland
Fernando Rezende, Getulio Vargas Foundation Rodolfo Tourinho, Brasilien
Maureen Riehl, National Retail Federation, USA
Jürgen Rinne, Mitarbeiter der SPD-Fraktion im Deutschen Bundestag, Deutschland
Horst Risse, Sekretariat des Bundesrates, Deutschland
M. Elvira Rodríguez Herrer, Spanish Congress, Spanien
José Antonio Roselló Rausell, Government of the Balears Islands, Spanien
Saiful Azhar Rosly, Malaysian Institute of Economic Research, Malaysia
Jesús Ruiz-Huerta Carbonell, Institute of Fiscal Studies, Spanien
Kubah Saleh, National Youth Council of Nigeria, Nigeria
Javier Salinas Jiménez, Institute of Fiscal Studies, Spanien
Ismail Md Salleh, International University College of Technology Twintech, Malaysia
I.V.M. Sarma, University of Hyderabad, Indien
Tony Saviour, Nigerian Television Authority, Nigeria
Upinder Sawhney, Punjab University, Indien
Christoph Schaltegger, Federal Tax Administration, Schweiz
Robert Searle, Commonwealth Grants Commission, Australien
Kala Seetharam Sridhar, National Institute of Public Finance and Policy, Indien
Helmut Seitz, Technische Universität Dresden, Deutschland
Tapas Sen, National Institute of Public Finance and Policy, Indien
Bethuel Sethai, Financial and Fiscal Commission, Südafrika
Anwar Shah, World Bank Institute, USA
Enid Slack, University of Toronto, Kanada
Alba Solà Pagès, University of Barcelona, Spanien
Joaquim Solé-Vilanova, University of Barcelona, Spanien
John Spasojevic, Commonwealth Grants Commission, Australien
Dan Sprague, The Council of State Governments, USA
Christine Steinbeiß-Winkelmann, Bundesministerium der Justiz, Deutschland
Carl Stenberg, University of North Carolina at Chapel Hill, USA
France St-Hilaire, Institute for Research on Public Policy, Kanada
Syed Unan Mashri bin Syed Abdullah, Office of the State Secretary of Kedah, Malaysia
Stepan Titov, World Bank, Moscow Office, Russland
Jose Manuel Tránchez Martín, National University for Distance Education, Spanien
Ibia Trenchand Okon, Ministry of Finance, Akwa Ibom State Government, Nigeria
Ilya Trunin, Institute for the Economy in Transition, Russland

David Tune, The Treasury, Australien
Bernard Turgéon, Quebec Ministry of Finance, Kanada
Iniobong Udoh, Nigeria Television Authority, Nigeria
Monday Udoka, Bureau of Cooperative Development, Nigeria
Thorsten Uehlein, University of St. Gallen, Schweiz
Ebebe Ukpong, Ministry of Economic Development, Nigeria
Umana O. Umana, Ministry of Finance, Nigeria
Okon Umoh, University of Uyo, Nigeria
Enubong Uwah, National Youth Council, Nigeria
Uwatt B. Uwatt, University of Uyo, Nigeria
Renato Villela, Institute for Applied Economics, Brasilien
Renuka Viswanathan, Planning Commission, Government of India, Indien
Juergen von Hagen, Zentrum für Europäische Integrationsforschung,
Deutschland
Pang Teck Wai, Ministry of Industrial Development Sabah, Malaysia
Roger Wilkins, Government of New South Wales, Australien
Jim Wright, Department of Treasury and Finance, Australien
Galina Yudashkina, Government of Russian Federation, Russland
Andrei Yurin, Ministry of Finance of Russian Federation, Russland
Zainal Aznam Yusof, Gouvernement de Malaisie, Malaysia
Farah Zahir, The World Bank, Indian Office, Indien
Florian Ziegenbart, Universität Tübingen, Deutschland

Publikationen erhältlich auf Deutsch

Verfassungsrechtliche Ursprünge, Strukturen und Wandel in Bundesstaaten
Herausgegeben von Raoul Blindenbacher und Abigail Ostien

Kompetenzverteilung und Verantwortlichkeiten in Bundesstaaten
Herausgegeben von Raoul Blindenbacher und Abigail Ostien

Gesetzgebungs-, Verwaltungs- und Justizstrukturen in Bundesstaaten
Herausgegeben von Raoul Blindenbacher und Abigail Ostien

Praxis des Finanzföderalismus: vergleichende Perspektiven
Edited by Raoul Blindenbacher and Abigail Ostien Karos

Außenbeziehungen von Bundesstaaten
Herausgegeben von Raoul Blindenbacher und Chandra Pasma

Lokale und Großstädtische Regierungsstrukturen in Bundesstaaten
Herausgegeben von Raoul Blindenbacher und Chandra Pasma

Publikationen erhältlich auf Englisch

Handbook of Federal Countries, 2005
Edited by Ann L. Griffiths, Coordinated by Karl Nerenberg

*An indispensable reference book on the developments, political dynamics,
institutions, and constitutions of the world's federal countries.*

Published for the Forum of Federations

For more than two centuries federalism has provided an example of how people can live
together even as they maintain their diversity. The Handbook of Federal Countries, 2005
continues the tradition started by the 2002 edition, updating and building on the work of
Ronald Watts and Daniel Elazar in providing a comparative examination of
countries organized on the federal principle.

Unique in its timely scope and depth, this volume includes a foreword by former
Forum President Bob Rae that reflects on the importance of the federal idea in the
contemporary world. New comparative chapters examine the recent draft constitutional
treaty in Europe and the possibility of federalism being adopted in two countries with
longstanding violent conflicts-Sri Lanka and Sudan.

As a project of the Forum of Federations, an international network on federalism in
practice, the 2005 handbook is an essential sourcebook of information, with maps and
statistical tables in each chapter.

ANN GRIFFITHS is Professor, Dalhousie College of Continuing Education, Dalhousie
University.
KARL NERENBERG is former Director of Public Information and Senior Editor,
Forum of Federations.

0-7735-2888-1
6 x 9   488pp 30 maps

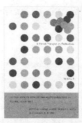

The Practice of Fiscal Federalism: Comparative Perspectives
Edited by Anwar Shah
Senior Editor, John Kincaid

Published for the Forum of Federations and the International Association of Centers for Federal Studies (IACFS)
Global Dialogue on Federalism, Book Series, Volume 4

Examines the constitutional assignment and the practice of taxing, spending and regulatory responsibilities by various orders (federal, state/provincial and local/municipal) of government and the associated fiscal arrangements in 12 federal democracies: Australia, Brazil, Canada, Germany, India, Nigeria, Russia, South Africa, Spain, Switzerland, and the United States of America. Leading scholars and practitioners reflect upon the structures and processes of intergovernmental fiscal relations and their relevance in securing a common economic union and improving social outcomes for all. Contributors provide a fascinating account of how governments in federal countries are confronting challenges arising from globalization and citizen empowerment from the information revolution by redefining the roles and relationships of various orders and adopting local solutions to strengthen trust and retain relevance in the lives of their citizenry.

Authors include: Robin Boadway, Alexander Deryugin, Akpan H. Ekpo, Lars P. Feld, William Fox, Prabhu Guptara, Merl Hackbart, Gebhard Kirchgässner, Galina Kurlyandskaya, Renosi Mokate, Alan Morris, Fernando Rezende, M. Govinda Rao, Saiful Azhar Rosly, Joaquim Solé Vilanova, Jürgen von Hagen

JOHN KINCAID is Professor of Government and Public Service and director of the Robert B. and Helen S. Meyner Center for the Study of State and Local Government at Lafayette College, Easton, Pennsylvania.
ANWAR SHAH is Program Leader, Public Sector Governance at the World Bank Institute, Washington D.C., USA.

September 2007
6 x 9 12 maps

Federations: What's new in federalism worldwide

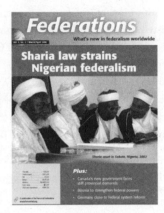

Edited by Rod Macdonell

Published three times per year

- A specialized magazine, geared toward practitioners of federalism, with stories on current events in federal countries and how these relate to their federal systems of government
- Theme-related articles that explore specific aspects of federal governance worldwide
- Each issue offers a snapshot of federalism in its current state around the world

BESTELLFORMULAR: Fax +1 (613) 244-3372
Berechnen Sie mir bitte (eine Option ankreuzen):
❏ $25 CDN pro Jahr in Kanada; ❏ €20 in der Eurozone; ❏ $25 U.S. sonst
Per: ❏ Visa # _____ ❏ Mastercard # _____
        Gültig bis: _____
Name: _____
Organisation: _____
Adresse: _____
Stadt / Provinz oder Bundesstaat: _____
Land: _____   Postleitzahl: _____
Telefon: _____   E-Mail: _____

McGill-Queen's University Press

Bitte schicken Sie mir:

_____ Constitutional Origins, Structure, and Change ... (2916-0, Vol. 1) $_____

_____ Distribution of Powers and Responsibilities ... (2974-8, Vol. 2) $_____

_____ Legislative, Executive and Judicial Governance ... (3163-7, Vol. 3) $_____

_____ Verfassungsrechtliche Ursprünge ... (3308-0, Bookletreihe Vol. 1) $_____

_____ Kompetenzverteilung ... (3309-7, Bookletreihe Vol. 2) $_____

_____ Gesetzgebungs-, ...(3310-0, Bookletreihe Vol. 3) $_____

_____ Praxis des Finanzföderalismus... (3311-0, Bookletreihe Vol. 4) $_____

_____ Außenbeziehungen ... (3312-7, Bookletreihe Vol. 5) $_____

Listenpreise 2007: Buch $29.95 USD, Bookletreihe $12.95 USD

Für aktuelle Listenpreise siehe www.mqup.ca

Porto:

Nordamerika: $5.00 USD für das erste Buch, $1.50 USD für jedes weitere.

Übersee: $5.50 USD für das erste Buch, $2.00 USD für jedes weitere) $_____

Zwischensumme $_____

Einwohner der Bundesstaaten Kalifornien / New York bitte 8.25%

Umsatzsteuer aufschlagen $_____

Einwohner Kanadas bitte 6% GST aufschlagen

(GST Nummer R132094343) $_____

Gesamt $_____

Schicken Sie Bestellungen an:

Direct Sales Manager, McGill-Queen's University Press

3430 McTavish Street, Montreal, QC H3A 1X9 Kanada

Zahlung oder Kreditkarteninformation muss der Bestellung beigefügt sein.

☐ Scheck/Zahlungsanweisung (ausgestellt auf McGill-Queen's University Press).

☐ VISA   ☐ MasterCard

_____

Nummer der Kreditkarte   Gültig bis

_____

Unterschrift

_____

Telefon/E-Mail

Versandadresse:

_____

Name

_____

Strasse

_____

Stadt, Provinz/Staat, Postleitzahl